하나은행직원을 위한
민사 서류 소장 쓰는 법

수학연구사

목 차

머리말

민사 서류는 맥락 파악이 중요하다

소장 즉 민사 서류는 맥락 파악이 중요하다. 연습 책이나 기타 실무서를 보면 사실관계를 잔뜩 써놓고서는 그것을 풀어내라는 식의 내용이 많은데 그것은 맥락을 파악하지 않고 보면 아주 지옥이다. 그러나 맥락을 파악하면서 보면 아주 편하다.

소장쓰기의 틀을 잡는데 기본적인 중요 내용을 제시한다

이 책은 민사 서류 즉 소장쓰기의 틀을 잡는데 기본적인 중요 내용을 제시한다. 기존 책에 많이 나오지 않은 내용들을 제시한다. 그야말로 리드비트 원더 라인을 봄에 좋은 책이 될 것이다.

시험 보듯한 입장에서 제시한다

결국 모든 것은 테스트이고 시험이다. 이 책의 구성은 시험을 치루는 사람들을 위한 대비의 논조로 적었다.

Part 1. 서론

-소장을 쓸 수 있는 것은 법조인으로서 해당 언어를 습득하는 것과 같다

프로그래밍에서 언어의 도구들이 필요하듯이 말이다. 그래서 소장을 쓸 수 있는 것은 법조인으로서 해당 언어를 습득하는 것과 같다.

-청구취지와 청구원인에 의한 접근을 어떻게 볼까?

민사 서류작성의 특이적 당면 과제로서 청구취지와 청구원인을 감안한 구조를 어떻게 정립해 나갈까가 관점이 된다.

-청구취지와 청구원인 등의 목차를 어떻게 해야 하나

제일 관건은 민법상의 목차 개념 그대로 가는 것이다. 그런데 그렇게 가자니 목차를 다 꿰고 외워야 하는가? 하는 의문이 든다. 큰 제목과 큰 기둥은 민법상 목차 개념을 두고선 그 아래에서 청구취지와 청구원인에 대해서 논하든지 해야 한다.

-청구취지 청구원인 특유의 말 형식이 있다. 그것을 습득해야 한다

-서류작성 사례집에 잇는 풍부한 내용들 중의 일부는 바로 그런 유사항변에 대한 내용들이다.

1) 사례집

항변이라고 보여지지만 실제로의 법리 싸움으로 가면 깨지는 그야 말로 유사항변 표현항변들에 대한 내용들이 사례집을 채운다.

2) 출제자

출제자는 많은 그럴듯한 오답을 가지고 있는 사람이다. 그래서 출제자도 책의 저자도 그런 유사항변 표현 항변에 대한 내용을 많이 품고 있는 사람이다.

-민소 서류 작성은 제일 중요한 과목이다

이거하자고 공부하고 시험 보는 거다. 변호사와 법무사가 실전에서 하는 제일 중요한 일이 무엇인가? 바로 서류의 작성이다. 그래서 민소 서류의 작성은 변호사와 법무사가 해야 할 제일 중요한 것이고 그래서 지금 우리가 이렇게 고생스럽게 공부하는 것도 다 그 궁극적인 소 목적은 바로 여기에 있다.

-이 과목을 공부하다보면 자연스럽게 민법과 민소의 지식들이 강해진다

응용을 공부하면 펀더멘털이 강해진다. 그것은 만고 불변의 진리이다. 민사서류작성을 열심히 공부하다보면 민법과 민소는 아주 쉬운 과목으로 변한

다. 혹 그 정도는 안 되어도 각 과목들에서 문제가 되는 것들이 실제로 적용은 어떻게 되는지를 잘 알게 되면서 그 이해도가 팍팍 올라가게 된다.

-민사서류 작성법을 알아야 읽는 법도 자연 터득된다

필자가 지향하는 것은 이런 내용을 그전에 모르던 사람도 알게 되는 세계로 들어옴을 지향한다. 그렇다면 다른 분야에 있는 사람도 이런 작성법을 알아야 읽는 법, 파악하는 방법도 더욱더 쉽게 될 수 있다. 그래서 이것의 학습이 필요한 이유이기도 하다.

-자연적 사고와 법사고의 차이가 가장 괴리가 덜한 게 민사서류 작성이다

1) 기본 의미

민법이나 민소법등의 정통 텍스트 교과서에 빠져서 읽다보면 참으로 답답하고 그럴 때가 많다. '왠지 그냥 쉬운 이야기인데 좀 어렵게 표현하는 거 같다'는 식의 생각이 많이 들기도 하고 말이다. 그런데 그런 괴리감이 제일 적은 과목이 바로 이 민사서류 작성이다.

2) 눈에 밟히는 발에 채 이는

눈에 띄고 눈에 밟히는 소재, 발에 채 이는 소재들로 구성이 되다 보니 자연적 사고와 법 사고의 괴리가 크게는 느껴지지가 않는다.

-민법과 민사절차법의 이해가 높아진다

예를 들어서 채권자 대위권과 채권자 취소권은 민법을 공부할 때 참으로 어려운 마의 산이다. 그런데 이런 민사서류 소장을 써보는 연습을 하면 '아, 이게 이래서 원고가 채권자 대위권/채권자 취소권을 하는구나' 하는 것이 아주 간명하고 정확하게 드러난다. 그래서 공부가 용이해진다.

-잘 가르쳐 주는 서적들은 부족하다는 가운데서의 제시

시중의 대형서점을 가보면 요즘은 전시되어 있는 책들이 턱없이 부족하고 그나마 있는 책들은 다 비닐 커버가 되어 있이서 소장을 쓰는 것에 대해서는 참고할 서적이 부족하다. 유튜브도 지식이 꽤 있다고 해도 일관성 있게 내용을 파악시키는데 한계가 있고 말이다. 그런 점들을 감안하고 극복하여 독자들에게 도움이 되게 하려고 애를 썼다.

Part 2. 학습 포인트

1. 당사자

-왜 민사소송 소장을 쓸 때 피고는 이메일을 적지 않는가? 원고는 왜 적는가?

최종이유적으로

이건 단순히 관행의 문제가 아니라, 법적 효력, 송달 절차, 신뢰성 문제 등과 밀접하게 연결돼 있다. 소장에는 피고의 이메일을 기재하지 않는 것이 원칙이다. 왜냐하면 민사소송법상 "전자적 송달(이메일 송달)"은 원칙적으로 허용되지 않기 때문이다. 민사소송에서 가장 중요한 것은 "송달"이다. 소송은 '상대방에게 내용이 도달해야' 진행된다. 그래서 송달(서류 전달)이 핵심 절차다. 이 송달은 법원에 의해 이루어지고, 법적으로 도달의 증명 가능성이 매우 중요하다. 이메일은 법정 송달 수단이 아니다.

전자소송 시스템은 다르다. 전자소송은 특수한 경우다. 원고·피고 모두 전자소송에 동의하고 시스템에 등록된 사용자여야 한다. 이 경우는 법원 전자 시스템 내부 메시지(알림)로 송달이 가능하지만, 이메일 자체로 송달은 하지 않는다. 개인정보 보호 문제가 존재한다. 이메일 주소는 개인정보에 해당한다. 피고의 이메일을 기재하는 것은, 피고의 동의 없이 개인정보를 공개하는 행위가 될 수 있다. 특히 소장은 법원 기록에 포함되고, 일정 범위에서 열람될 수 있기 때문에 불필요한 개인정보 기재는 지양된다.

그럼 원고의 이메일은 왜 적는가? 원고의 이메일은 소송절차의 효율을 위해 연락처로 활용되며, 특히 전자소송 및 행정적 목적에서 중요하기 때문이다. 원고의 이메일은 '연락 수단'으로서의 의미이다. 법원은 소송 진행 중에 원고에게 다양한 방식으로 연락을 취해야 할 때가 많다. 보정명령 기일통지 서류 누락 안내 등이다. 이때 전화번호와 함께 이메일은 빠르고 편리한 비공식 연락 수단으로 활용된다. 물론 법정 송달은 등기우편이나 전자소송 시스템을 통해 하더라도, 임시적인 통지나 안내는 이메일로도 할 수 있기 때문에 원고의 이메일을 기재하도록 하는 것이다.

피고는 소송에 자발적으로 참여하지 않을 수 있다. 원고는 소송을 제기한 당사자이고, 자신의 인적 사항을 명확히 해야 할 책임이 있다. 반면, 피고는 자신의 동의 없이 소송에 끌려나온 입장이므로, 개인정보(이메일 등)를 임의로 기재하는 것은 부적절하거나 법적 근거가 없다.

2. 청구취지

-소장 작성과 관련해서도 판결주문에 '원고의 소유권 상실일까지'라는 기재는 확정된 이행판결의 집행력에 영향을 미칠 수 없는 무의미한 기재이다. 이 말이 정확히 어떤 의미인가?

최종이유적으로

이 문장은 주로 다음과 같은 인도청구 소송에서 문제된다. 예를 들어 원고가 임대차 계약 종료 후 건물의 인도를 청구하면서 판결 주문에 이렇게 썼다고 하자.
“피고는 원고의 소유권 상실일까지 ○○ 건물을 인도하라.”

문장 해석을 하면“원고의 소유권 상실일까지”라는 조건은, 인도 의무를 소유권이 있는 동안만 이행하게 하겠다는 의미의 조건이다. 즉, 소유권을 상실하면 더 이상 인도받을 권리가 없다는 취지이다. 그런데 법적으로는? 무의미한 기재라는 이유는 판결이 확정되면 집행력은 “판결 주문의 기재 내용”에 따라 자동적으로 발생하는데, “소유권 상실일까지” 같은 불확정적이고 외부적 사정은 집행법원이 판단할 수 없고, 판단해서도 안 되기 때문이다.

여기의 문제점은 "집행 가능성"에 영향을 주지 못한다. 민사소송법상, 집행력 있는 확정 판결은 명확하고 집행 가능한 내용이어야 한다. “소유권 상실”이라는 사정은 판결 외부에서 발생하는 사실관계이므로, 집행기관(법원 집행관 등)이 그 조건을 조사하고 판단할 수 없다.

따라서 실제로는 집행의 제한 조건이 되지 않으며, 판결 자체로는 여전히 인도 청구 전체에 대해 집행이 가능하다.

-민사판결은 형사판결의 경우와는 달리 난 외에 자수를 기재하지 않는 것이 실무례이다. 왜 그런가?

최종이유적으로

민사판결문에는 형사판결문과 달리 난(欄) 외에 '자수(字數)'를 기재하지 않는 것이 실무례인데, 그 이유는 민사소송과 형사소송의 본질적 목적과 판결문 작성 방식의 차이 때문이다.

민사판결문은 분쟁 해결과 집행이 목적이므로, 판결문의 '자수(글자 수)'를 기재할 필요가 없고, 실체적 판단이나 요건사실 판단만 명확히 기재하면 되기 때문이다. 반면, 형사판결문은 원칙적으로 공판조서와 일치하여야 하며, 내용의 변조 가능성을 막기 위해 자수(字數)를 기재하는 실무 관행이 정착되었다. 즉 형사판결문에서 자수를 기재하는 이유는 일단 변조 방지다. 형사판결은 형벌권 행사와 관련된 문서로서, 내용의 위·변조 가능성을 강하게 차단해야 한다. 자수를 기재하면 판결문의 끝이 어디인지가 명확해지고, 페이지를 덧붙이거나 삭제하는 위조·변조 방지 효과가 있다. 또한 공판조서와의 대응을 위해서다. 형사판결은 대부분 공판조서 내용과 일치해야 한다. 자수 기재는 조서와의 대응성을 높이는 역할을 한다. 그리고 재판기록의 봉함 및 관리를 위함이다. 형사재판은 재판기록을 봉인·보관하는 절차가 있다. 그 과정에서 자수 기재가 판결문 완결성을 보증하는 수단이 된다.

그럼 민사판결문에는 왜 자수를 기재하지 않는가? 이유는 문서 변조의 위험성이 상대적으로 낮기 때문이다. 민사판결문은 당사자 간 분쟁 해결을 위한 문서로, 내용 변경 시 공증 등 다른 수단으로 확인 가능하다. 공판조서와의 일치 여부도 문제 되지 않는다. 또한 민사판결문은 실체적 판단이 핵심이다. 중요한 건 판결의 청구 인용 또는 기각 여부이고 그에 따른 집행 가능성이다. 때문에 자수는 이에 영향을 주지 않는다. 그리고 기술적 이유(전자소송, 양식 표준화)도 있다. 민사소송은 대부분 전자소송으로 진행되고, 법원행정처가 정한 표준 양식에 따라 판결문이 작성된다. 이 양식에는 자수 기재란 자체가 없다. 이런 것은 실무적으로도 정형화된 관행이 되었다.

3. 금전청구 사건

-왜 소장 쓸 때 소송비용은 피고의 부담으로 한다 라고 쓰는가? 소송비용은 피고가 부담한다라고 하지 않고 말이다.

최종이유적으로

이건 단순한 말투나 문체의 차이가 아니라, 법률문서의 형식성과 기능, 그리고 법원의 판결문 구조와 깊은 관련이 있다. “소송비용은 피고의 부담으로 한다”는 표현은 법률문서로서의 판결문 형식을 그대로 따른 것이며, 그에 따라 소장의 청구취지도 그 형식에 맞춰 작성하는 것이 관행이자 실무의 원칙이다. 왜 “피고가 부담한다”라고 안 쓰는가? 즉, “피고가 부담한다”는 표현은 너무 직설적이고, 법률문서상 명령의 형식(order)이 아니다. 반면 “~의 부담으로 한다”는 표현은 판결문의 형식에 맞는 명시적 규범 표현이다.

“~의 부담으로 한다”는 법적 효과의 귀속을 선언하는 방식이다. “부담한다”는 표현은 행위 주체를 직접 지목하지만, “부담으로 한다”는 표현은 결과의 귀속을 선언하는 형식이다. 예를 들어 판결에서 소송비용은 누가 실제로 지급하느냐는 나중에 집행단계에서 강제집행의 대상이 된다. 따라서 책임 귀속을 형식화하여 선언하는 “부담으로 한다”는 표현이 법적으로 더 정형화된 문장이다.

-법정변제충당에서 원금보다 이자나 지연손해에 먼저 충당을 하게 하는 이유는?

최종이유적으로

법정변제충당(민법 제479조)에서 이자나 지연손해금이 원금보다 먼저 충당되도록 한 이유는, 단순한 계산의 문제가 아니라 법적·경제적 정의와 채권자 보호라는 원칙에서 비롯된 것이다. 채무자가 변제를 할 때, 이자나 지연손해금부터 먼저 충당되도록 한 이유는, 채무자가 자의적으로 이자나 지연손해금은 내지 않고 원금만 갚는 걸 방지하고, 채권자를 보호하려는 취지다.

법정변제충당 순서 (민법 제479조): 민법 제479조는 다음과 같은 변제충당의 법정순서를 정하고 있다.
변제 비용, 이자, 원금, 지연손해금 이 순서에 따라, 채무자가 특정하지 않으면 이자, 원금, 지연손해금 순으로 자동 충당된다.

왜 원금보다 이자·지연손해금이 먼저인가? 채권자 보호의 원칙이다. 이자와 지연손해금은 채권자의 손해보전 수단이다. 원금보다 이자를 먼저 갚게 해야, 채무자가 변제를 미루는 데 따른 손해가 채권자에게 전가되지 않는다. 즉, 이자를 먼저 갚게 함으로써, 채무자의 지연에 대한 불이익을 채권자가 아닌 채무자가 부담하도록 한다. 도덕적 해이 방지이다. 만약 채무자가 원금부터 마음대로 갚을 수 있다면? 계속해서 이자를 미루며 실질적으로 채무를 다 갚은 것처럼 위장할 수 있다. 따라서 이자부터 먼저 갚게 하여, 정당한 채무 부담을 회피하지 못하도록 법이 제한을 둔 것이다.

4. 전부명령 추심명령

-왜 전부명령은 송달되고 확정까지 되어야 하는데 추심명령은 그냥 송달만 되면 되는가?

최종이유적으로

전부명령 (민사집행법 제243조~제247조)은 압류된 채권 자체를 채권자에게 이전시키는 명령이다. 즉, 채무자의 권리를 채권자가 가져가는 것이다. 재산권의 귀속이 변경되는 효과가 있다. 마치 양도와 유사하다. 그래서 확정되어야 재산권이 실제로 이전된다 (확정 전에는 불완전, 불안정한 상태) 반면에 추심명령 (민사집행법 제248조~제251조)은 압류된 채권을 채권자가 대신 받아낼 수 있도록 허용하는 명령이다. 즉, 채무자의 권리를 보전하면서, 채권자에게 '집행 권한'을 위임하는 것이다. 소송수행권한(법정 대리인에 유사)에 가깝다. 그래서 송달만 되면 효력이 발생한다 (확정 필요 없음, 권한만 주는 것이므로). 즉 추심명령은 권리 이전이 아니라 권리 행사 권한(집행권)을 주는 것에 불과하다. 그래서 채무자 명의의 채권은 그대로 존재하고, 채권자는 단지 그 채권을 자신 명의로 소송하거나 추심할 수 있는 권한만 가진다. 이런 권한 부여는 행정명령적 성격이어서, 송달만으로도 효력이 충분하다.

5. 어음금

-수취인이 어음 요건의 하나이기에 그 기재가 없는 상태에서의 어음으로 지급 제시는 적법한 제시가 아니다. 여기서 그냥 수취인의 이름 하나만 넣으면 되는데 왜 그것을 안 넣어서 이런 일이 생기는가? 무슨 숨은 뒷 이야기가 있는가?

최종이유적으로

"어차피 수취인 이름만 적으면 적법한 어음이 될 텐데, 왜 굳이 그걸 안 적어서 문제를 만드는가?" 이 질문은 어음 실무, 금융 관행, 심지어 조세 회피나 법적 책임 분산 전략과도 연관이 있다. 단도직입적으로 이야기하면 단순한 실수일 수도 있고, 의도적인 공란(백지)일 수도 있으며, 일부 경우에는 법적·세무적 이유 또는 유통상의 편의를 노린 '전략적 공란'일 수도 있다.

왜 수취인을 안 적는가? ① 단순 실수 or 실무적 소홀: 실제로 소규모 기업이나 비전문가가 작성한 어음에서는 수취인 누락이 자주 발생한다. "어차피 돈 주는 사람이랑 받는 사람 정해져 있으니까..." 하는 식으로 대충 작성하는 경우다. 하지만 이렇게 작성된 어음은 법적 효력에 문제가 생기므로 매우 위험하다. 이 경우는 특별한 의도가 없다 하더라도 법적 분쟁의 씨앗이 된다. ② 백지식 어음으로 유통하기 위한 전략: 즉, 나중에 수취인을 적을 수 있도록 일부러 비워두는 것이다. 이건 일종의 백지어음이고, 수취인 칸을 비워둔 채 발행한다. 나중에 유통 과정에서 실제 수취인이 정해지면 그때 보충하려는 목적이다. 특히 어음 할인, 담보, 배서 유통 등을 염두에 둔 경우에 사용된다.

③ 법적 책임 회피 또는 조세 회피 목적: 특정인을 명시하지 않음으로써 법적 책임의 귀속을 늦추거나 불분명하게 하려는 의도다. 예를 들어, 법적으로 수취인이 기재되면 그 사람에게 채권이 귀속되지만, 공란으로 두면 채권 귀속이 모호해지고, 추적이 어렵다. 예로서 회사가 외부인에게 뒷돈을 줄 때 어음을 이용하는건 수취인을 안 적어서 회계에 남지 않도록 한다. 법인 대표가 자신 명의로 수취인 기재 안 한 어음을 남발하면 채무 불이행 시 회사의 책임과 분리하려는 시도다. 이건 상당히 비정상적이거나 위법적인 의도일 수 있다. ④실무상 어음 발행 후 일단 받아놓고 나중에 기입하려는 관행: 은행, 금융기관, 하청거래 등에서는 "급하게 받아놓고 나중에 정리하자"는 식의 관행도 존재한다. 이 경우 보충권이 있는 사람만이 수취인을 쓸 수 있지만, 나중에 문서 분실이나 보충권 분쟁이 생기면 법적으로 난감한 상황 발생한다.

6. 이행지체

-관련 중요판례: 대법원 2010. 7. 22. 선고 2010다1456 판결: 자동해제조항과 책임을 느껴서 사례

당사자 사이에 별개의 약정으로 매매 잔금이 그 지급기일에 지급되지 아니하는 경우 매매계약을 자동적으로 해제하기로 약정하는 것은 가능하다(대법원 2008. 3. 13. 선고 2007다74393, 74409 판결 참조). 한편, 부동산 매매계약에 있어서 매수인이 잔대금 지급기일까지 그 대금을 지급하지 못하면 그 계약이 자동적으로 해제된다는 취지의 약정이 있더라도 매도인이 이행의 제공을 하여 매수인을 이행지체에 빠뜨리지 않는 한 그 약정기일의 도과 사실만으로는 매매계약이 자동해제된 것으로 볼 수 없으나, 매수인이 수회에 걸친 채무불이행에 대하여 책임을 느끼고 잔금 지급기일의 연기를 요청하면서 새로운 약정기일까지는 반드시 계약을 이행할 것을 확약하고 불이행시에는 매매계약이 자동적으로 해제되는 것을 감수하겠다는 내용의 약정을 한 특별한 사정이 있다면, 매수인이 잔금 지급기일까지 잔금을 지급하지 아니함으로써 그 매매계약은 자동적으로 실효된다(대법원 1994. 9. 9. 선고 94다8600 판결, 대법원 2007. 12. 27. 선고 2007도5030 판결 등 참조).

최종암기적으로

책임 느끼-확약 감수 약정-자동 실효

7. 소가

-왜 진정명의회복의 소가는 원래의 2분의일인가?

최종이유적으로

진정명의회복청구란, 소유권이전등기의 말소나 이전을 통해 진정한 소유자가 자신의 명의로 회복해 달라고 청구하는 소송이다. 예를 들어 어떤 부동산이 잘못된 등기로 타인의 명의로 되어 있을 때, 진정한 소유자가 그 등기를 바로잡기 위해 제기하는 소송이다. 그런데 소가 산정의 기본 원칙은 민사소송에서 소가(訴價)란 소송의 목적이 되는 이익의 경제적 가치를 말하며, 소송비용 산정 및 관할 법원 판단 등에 중요하다. 일반적으로 소유권이전등기 청구의 경우에는 그 목적물의 시가를 기준으로 소가가 산정된다. 하지만, 진정명의회복청구는 성격이 다르기 때문에 예외적으로 소가가 줄어든다.

왜 2분의 1로 보는가? 진정명의회복청구는 실질적인 이익을 새로이 취득하려는 것이 아니라, 이미 있는 권리를 회복하려는 것이므로, 통상적인 소유권이전청구보다 경제적 이익이 절반 정도로 본다는 것이 판례 및 관행이다.

8. 시효 사건

-민사소송에서 취득시효 주장자는 점유기간의 기산점을 임의로 선택할 수 있나 없나? 없다고 하는데 그 이유는?

최종이유적으로

민사소송에서 취득시효를 주장하는 자(= 점유자)는 점유기간의 기산점(시작시점)을 임의로 선택할 수 없다. 그 이유는 취득시효는 일정한 사실상태(점유)가 일정기간 계속되었는지를 기준으로 성립 여부가 결정되는 객관적 제도이기 때문이다. 취득시효의 기산점은 점유자가 임의로 선택할 수 없다. 왜냐하면, 취득시효는 법률이 정한 사실상태(점유)의 개시 시점으로부터 정해진 기간이 지나야 성립되며, 그 사실상태는 현실적이고 객관적인 시점에 따라 결정되기 때문이다.

취득시효는 객관적 요건에 의해 성립한다. 언제부터 점유를 시작했는지 그 점유가 어떤 상태였는지 (평온·공연·소유의 의사 등) 이건 모두 객관적인 사실에 의해 판단된다. 따라서 법원은 실제 점유를 개시한 '사실상 최초 시점'을 기준으로 시효기간을 계산한다. 임의로 기산점을 바꾸면 시효 제도의 취지에 반한다. 예를 들어 어떤 사람이 2005년부터 부동산을 점유했는데, 소송에서는 "2010년부터 점유했다고 주장하며 그때를 기산점으로 삼겠다"고 하면? 이는 법적으로 허용되지 않는다. 왜냐하면 시효취득은 단순히 시간이 흘렀다는 것만으로 성립하지 않고, '정당한 점유상태가 얼마나 계속되었는지'를 따지는 제도이기 때문이다. 만약 임의로 기산점을 바꿀 수 있다면, 이미 시효가 완성되었음에도 불구하고 더 늦은 시점을 기산점으로 잡아

시효취득을 방해하거나, 또는 시효가 미완성되었는데도 불구하고 앞당겨 주장할 수 있게 되어 혼란이 발생한다.

그런데 주장자가 더 늦은 시점으로 주장하면 자기가 불리한데도 그렇게 하겠다는 것인데 그래도 안 되는가? 직관적으로는 "자기한테 불리한 거니까 그냥 그렇게 주장하게 놔두면 되는 것 아닌가?" 싶다. 하지만 법적으로는 여전히 허용되지 않는다. 왜냐하면 취득시효의 기산점은 당사자의 주장으로 형성되는 개념이 아니기 때문이다. 취득시효의 기산점은 객관적 사실에 의해 결정되는 것이므로, 설령 당사자가 더 늦은 시점을 주장하더라도, 법원이 실제 점유 개시 시점을 기준으로 판단해야 한다.

취득시효는 사적 자치로 조절할 수 없는 '법정제도'이다. 시효제도는 단순히 당사자끼리 "우리는 이 시점으로 할게요" 할 수 있는 문제가 아니다. 법이 정한 일정한 사실(점유의 개시)과 기간(20년 등)이 충족되어야 성립되는 공적인 제도다. 따라서 당사자의 불이익 여부와 상관없이, 객관적 요건에 따라 성립 여부가 판단되어야 한다.

부당한 오남용 방지도 있다. 만약 "자기가 불리한 건데 그러겠대요"라는 이유로 허용해버리면, 소송 전략으로 불필요한 기산점 조작이 일어날 수 있다. 예컨대 기산점을 늦춰 주장함으로써 상대방의 방어권을 의도적으로 무력화하거나, 정지조건·중단사유 등의 법리적 쟁점을 피하려는 의도가 숨어 있을 수 있다. 법원은 이런 전략적 주장에 흔들리지 않도록 객관적 기산점을 기준으로 판단한다.

-법원이 취득시효의 기산점은 간접사실로 보는데 소멸시효의 기산점은 간접사실로 안 보고 주요사실로 보는 취지나 이유?

최종이유적으로

“취득시효의 기산점은 간접사실, 소멸시효의 기산점은 주요사실”이라는 대법원의 태도는 단순한 형식 구분이 아니라, 청구와 항변의 구조, 그리고 시효제도의 기능 차이에서 비롯된다. 먼저 취득시효의 기산점은 '주장의 핵심(청구요건)'이 아니라 그것을 뒷받침하는 간접사실이기 때문이고, 소멸시효의 기산점은 ‘시효완성 항변’의 성립을 좌우하는 핵심 요건이므로 주요사실로 본다는 것이 그 취지다.

취득시효의 기산점은 간접사실이다, 왜 간접사실인가? 취득시효 완성을 원인으로 한 소유권이전청구소송에서는 원고가 주장해야 하는 ‘주요사실’은 다음과 같다. “20년간 소유의 의사로 평온·공연하게 점유하였다” 여기서 ‘20년간 점유’라는 요건사실을 입증하기 위해 구체적으로 "언제부터 점유를 시작했는가(기산점)"를 주장하는 것이죠. 따라서 기산점은 ‘요건사실’을 뒷받침하는 간접사실에 해당한다.

반면에 소멸시효의 기산점은 주요사실이다. 왜 주요사실인가? 소멸시효는 원고의 청구권을 피고가 항변으로써 소멸되었음을 주장하는 것인데, 그 항변이 받아들여지려면 나음을 입증해야 한다. “소멸시효가 기산된 이후 일정한 기간이 경과되었다” 이때 언제 시효가 시작됐는지는 바로 소멸시효 항변이 성립할지 여부를 좌우한다. 즉, 시효 기산점은 항변의 요건 자체에 해당하고, 따라서 주요사실로 분류된다. 피고가 소멸시효 항변을 하면서 “기산점이 ○○년 ○○월이었다"고 주장하지 않으면, 법원은 그 시효항변 자체를 판단할 수 없다.

왜 소멸시효 기산점을 법원이 직권으로 판단해줄 수 없는가? 항변은 피고가 '구성'해야 할 자기 주장의 체계이기 때문이다. 항변은 적극적인 주장입니다. 단순히 "틀렸다"고 반박하는 게 아니라, "이미 권리가 소멸했다"는 적극적 사실 주장을 통해 청구를 배척하는 것이다. 따라서 항변이 성립하려면 요건사실이 명확히 주장되어야 하며, 그 중 핵심이 바로 소멸시효의 기산점이다. 주장 없는 주요사실은 법원의 판단 대상이 될 수 없다. 또한 소송은 당사자주의에 따라 움직인다. 민사소송은 기본적으로 당사자의 주장과 입증을 바탕으로 판단한다.

법원은 당사자가 주장하지 않은 주요사실을 판단하거나 직권으로 보충할 수 없다. 법원이 직권으로 판단해줄 수 있는 건 '간접사실'이나 '공지의 사실' 정도다. 그러나 기산점은 항변의 구성요건이므로 주장 없이는 심리 불가다. 또한 법원이 임의로 기산점을 판단하면 피고의 방어권 구조가 무너진다. 피고가 "시효 완성됐다"고 막연히 주장하고, 법원이 알아서 "그래, 2010년부터 시효 시작이니까 이제 끝났네" 하고 판단해버리면? 그건 피고가 책임을 다하지 않고도 이길 수 있는 결과가 되며, 원고 입장에서는 방어 기회 없이 패소하는 절차 위반이 된다.

이렇게 취득시효랑 소멸시효가 차이가 나는 것은 소멸시효는 서로간의 문제인 채권문제에 불과하나 취득시효는 여러 사람이 쳐다보고 관련이 되는 물권의 문제라서 그런 것도 있다. 취득시효와 소멸시효가 소송상 다르게 취급되는 이유 중 하나는, 두 시효가 각각 물권(대외적 권리)과 채권(대내적 권리)에 적용되기 때문이다. 즉, 물권은 제3자에게도 영향을 주는 권리이고, 채권은 당사자 사이의 권리관계에 불과하므로, 법원이나 소송 구조상 다르게 접근하는 것이 합리적이라는 것이다.

-시효이익자가 매수하겠다고 제의를 한 것만으로는 시효이익을 포기한 것으로 보는 것은 아니라는 게 판례이다. 왜 그런가?

최종이유적으로

시효이익은 '소멸시효 완성'에 따른 법적 권리이지만, 이를 포기하려면 명확한 의사표시가 있어야 하며, 단순한 매수 제의나 협의의 제안은 '시효이익의 포기'라는 명확한 의사표시로 해석되기 어렵기 때문이다. 시효이익이란? 소멸시효가 완성되면 채무자는 이행거절(변제거절)을 할 수 있는 권리, 즉 시효이익을 취득한다. 하지만 이 시효이익은 채무자의 이익을 위한 것이므로, 채무자는 이를 포기할 수 있다. 다만, 시효가 완성되기 이전에는 미리 포기할 수 없다 (민법 제184조 제2항: "소멸시효의 이익은 미리 포기하지 못한다").

왜 매수 제의는 포기로 볼 수 없는가? 시효이익 포기는 엄격하게 해석해야 하기 때문이다. 시효이익은 채무자 보호를 위한 법정 권리이므로, 이를 포기했다고 보려면 명백하고 확정적인 의사표시가 있어야 한다. 즉, "나는 시효이익을 행사하지 않겠다"는 명시적(또는 그에 준하는 묵시적)의사표시가 필요하다. 매수 제의는 '분쟁 해결의 한 방식'일 뿐이다. 시효완성된 부동산을 둘러싼 다툼에서, 시효이익자가 "내가 이 땅을 살게"라고 제안하는 것은 단순히 갈등을 피하거나, 권리관계를 매수로 정리하겠다는 경제적 협상의 일환이다.

제의 뿐만 아니라 그렇게 해서 매수가 이뤄져도 시효의 이익은 살아있는건가? 가격에서 절충을 한다든지 해서 볼 수 있다. 단지 시효이익자가 매수를 제의했을 뿐만 아니라, 실제로 매매가 이뤄지고, 절충된 가격에 따라 대금까지 지급되었다 하더라도, 그 사실만으로는 시효이익이 소멸했다거나, 포기한 것으로 보지 않는다. 그 이유는 매매는 단순한 권리 정리 방식일 뿐, 시효 포기의 의사표시는 아님. 시효취득자(점유자)가 "그냥 사고 말지" 하고 매수했다면, 이건 단순히 법적 다툼을 피하려는 절충일 뿐이다. 이는 "시효취득을 포기한다"는 법률적 의사표시와는 구별된다.

'시효로 소유권을 취득했다고 주장할 수 있지만, 분쟁 피하고 원만히 정리하려고 매수했다." 이런 경우 시효이익은 여전히 이전 시점부터 취득 상태로 간주된다. 가격을 절충했다는 사정도 시효이익 포기의 근거가 안 된다. 실무에서 보면, 매매 가격이 시장가보다 낮게 절충되거나 혹은 점유자가 유리한 가격에 매수한 경우가 많다. 이런 절충의 이유가 '시효취득 주장 가능성' 때문이라고 하더라도, 그것은 거래 조건의 한 요소일 뿐, 법적 권리인 시효이익을 명시적으로 포기한 것으로는 해석되지 않는다.

9. 명의신탁 사건

-명의신탁에서 계약명의신탁에서 계약명의신탁의 무효로 인하여 명의신탁자가 입은 손해는 해당부동산자체가 아니라 명의수탁자에게 제공한 매수자금이고 그래서 부당이득반환도 부동산이 아니라 매수자금을 돌려주라 는것은 결국 이런 명의신탁을 인정하기 힘들다는 입법 사법적 표현인가?

최종이유적으로

계약명의신탁의 무효 (부동산실명법 제3조 제1항): 부동산실명법은 부동산에 대한 명의신탁 자체를 금지하고 있고, 특히 "계약명의신탁"은 원칙적으로 무효다. 즉, 신탁자가 수탁자 명의로 부동산을 매입하는 구조는 무효로 처리된다.

명의신탁자가 요구할 수 있는 반환의 범위는 계약이 무효이기 때문에 원칙적으로 신탁자는 부동산 자체에 대한 소유권 반환을 청구할 수 없다. 대신, 부당이득 반환 청구로 제공한 매매대금을 돌려달라고 할 수는 있다. 하지만 이때 반환 대상은 부동산이 아니라 "금전", 즉 "매수대금"이다. 그래서 입법·사법부의 정책적 의도는 이러한 법적 구조는 다음과 같은 입법적·사법적 판단의 표현이다. 명의신탁 자체를 억제하겠다는 강력한 의지다. 단순한 권리보호보다는 투명한 부동산 거래질서 확립이 더 중요하다는 가치 판단이다. 신탁자가 보호받시 못하게 하여 명의신탁을 사전에 차단한다. 명의신탁자도 일정 부분 불법행위의 당사자로 보기 때문에, 부동산 자체에 대한 반환청구는 원천 차단하는 방향이다. 실질적으로는 '처벌적 효과'를 포함한다. 신탁자는 부동산 소유권도 잃고, 대금도 제대로 받기 어려운 경우도 있다. 결과적으로, 사실상 불법적 명의신탁을 통해 얻을 수 있는 실익이 없도록 설계된 것이다.

-소장의 청구취지에서 왜 근저당권이전등기는 근저당권을 이전등기하라 이렇게 안하고 근저당권이전등기를 이행하라 그런 식으로 제시하는가?

최종이유적으로

이 문제는 민사소송의 청구취지 작성 방식과 관련하여 자주 혼동되는 부분이다. 왜 소장 청구취지에서 "근저당권을 이전등기하라"가 아니라 "근저당권이전등기절차를 이행하라" 또는 "근저당권이전등기를 이행하라"는 표현을 쓰는지가 학습자들은 궁금해 한다. "이전등기를 하라"는 표현은 법률적으로 직접적인 강제집행 대상이 아니고, "이전등기절차를 이행하라"는 표현은 구체적이고 집행 가능한 '이행청구'이기 때문에 그렇게 쓴다. 즉 등기란 '절차'를 말하는 것이며, 실제 행위는 '신청'이다, 등기는 행위가 아니라 결과다. 당사자가 실제로 하는 행위는 등기신청이고, 이것은 일종의 절차 이행이다. 그러므로 소송에서 "등기를 하라"고 명하는 것은 불완전한 표현이다.

법원이 판결로 명령할 수 있는 것은 "등기를 신청하라", 즉 '절차를 이행하라'는 구체적인 의무다. 집행 가능한 판결을 내리기 위한 실무상 표현이기에 그렇다. 민사소송법상 이행청구는 결국 판결에서 강제집행으로 이어져야 의미가 있다. 그런데 "근저당권을 이전등기하라"는 말은 누가, 어떻게, 무엇을 해야 하는지 불명확하다. 그래서 집행문 부여나 대체집행이 어렵다. 반면 "근저당권이전등기절차를 이행하라" 등기 원인과 형식이 명확하고 판결문만으로 등기신청 가능 (법원이 등기촉탁 가능) 하다. 그래서 실질적 목적 달성 가능하다.

-소장쓸 때 말소나 회복등기 시에는 후발적 실효사유에 의한 말소청구에는 원인을 기재하는데 다만 선이행이나 동시이행으로 말소 청구하는 때는 원인 기재를 하지 못한다고 한다. 그 이유는 무엇인가?

최종이유적으로

이 문제는 부동산 등기와 관련한 민사소송 실무에서 중요한 쟁점인 청구취지 작성 방식, 특히 말소등기 청구 시 등기의 원인을 기재해야 하는가 여부에 관한 것이며, 이행조건(선이행·동시이행)의 존재가 왜 원인 기재에 영향을 주는가에 대한 물음이다.

선이행 또는 동시이행을 조건으로 말소등기를 청구하는 경우에는 등기의 원인을 기재하지 못한다. 왜 그런가? 결론부터 간단히 말하면 선이행 또는 동시이행 조건부로 말소청구를 하는 경우, 그 말소의 "원인"은 아직 발생하지 않았기 때문에, 소장에서 그 원인을 확정적으로 기재할 수 없다. 또한, 법원도 그 말소 사유(예: 해제)가 실제로 발생하는지 여부를, 이행 여부에 따라 조건적으로 판단하게 된다.

선이행·동시이행 관계란? 예를 들어, 매매계약의 해제에 따른 말소등기청구에서, 매도인이 매매대금을 반환하면서 근저당권 말소를 요구하는 경우, "내가 돈 돌려줄 테니, 너는 근저당 말소해라"는 동시이행 또는 선이행 관계가 성립한다. 왜 이행조건이 있으면 원인을 기재하지 못하는가? 원인 자체가 "조건부"이기 때문이다. 말소의 원인(예: 계약 해제)은 확정된 것이 아니라, 내가 이행을 하면 비로소 성립하는 조건부 효과다. 즉, "아직 해제가 완성된 상태가 아님"이다. 따라서 법원도 판결로 "해제되었으니 말소하라"고 못 하고, "내가 이행할 테니, 상대방은 말소절차를 이행하라"고만 명령할 수 있다. 그러므로 등기의 원인란에 '해제'라고 적는 것은 시기상조이며, 판결의 논리와도 모순된다. 집행 가능한 판결을 위해서도 '조건적 말소청구'는 원인을 빼야 한다. 판결 확정 후, 말소등기를 직접 집행하려면, 등기의 원인과 연월일이 정확히 기재되어야 등기소에서 접수 가능하다. 그런데 선이행 또는 동시이행 관계일 때는, 말소등기의 원인이 판결 이후 상대방의 이행 여부에 따라 달라지기 때문에, 미리 확정해서 "언제 어떤 사유로 말소된다"고 못 쓴다.

그래서 실무에서는 "등기의 원인은 기재하지 않음" 등기소에서는 판결문 전체 내용을 보고 판단한다.

-그럼 혹 당사자 사이에 가등기의무자를 양도인에서 양수인으로 넘기는 합의도 가능한가?

최종이유적으로

원칙적으로는, 가등기 의무(본등기의무)는 가등기권자와 가등기의무자 사이의 계약(원인계약)에서 발생한 것이므로, 양도인과 양수인이 합의하여 그 본등기의무를 양수인에게 이전할 수는 있다. 다만, 이 합의는 가등기권자와도 명시적으로 하거나, 가등기권자가 이를 동의·승인해야 그 효력이 가등기권자에게 미치며, 그렇지 않으면 가등기권자는 여전히 원래 의무자인 양도인에게 본등기를 청구할 수 있다.

왜 그런가? 법리적으로 따져보면 가등기 의무는 계약상 채무이다. 가등기란 보통 소유권이전등기를 장래에 청구할 수 있는 예약적 효력을 확보하는 것이다. 이 때의 본등기의무자는, 원칙적으로 가등기 설정 당시의 소유자(양도인)이다. 이는 계약상의 채무이고, 따라서 이 채무를 제3자(양수인)에게 이전하려면, 채권자인 가등기권자의 동의가 필요하다. 즉, 채무인수에 해당하는 구조다.

-등기관의 직권이나 법원의 촉탁에 의해서 기입된 등기의 말소등기나 말소된 등기의 회복등기는 등기관의 직권이나 법원의 촉탁에 의하여 행해져야 하고 그래서 그 등기명의인을 상대로 한 말소등기나 회복등기는 못한다. 할 수도 있어 보이는데 못하게 하는 이유는?

최종이유적으로

등기관의 직권이나 법원의 촉탁으로 기입되거나 말소된 등기는, 그 자체가 '당사자의 신청' 없이 행해진 공적 처분이기 때문에, 그 등기의 취소(말소)나 회복도 원칙적으로 동일한 방식(직권 또는 촉탁)으로만 가능하고, 당사자를 상대로 소송을 제기해서 말소등기나 회복등기를 청구하는 것은 허용되지는다.

이 중 직권/촉탁 등기는 당사자의 의사나 계약관계와는 무관하게, 공적 절차에 의해 일방적으로 등기되는 것이며, 그 효력 또한 등기관 또는 법원의 명령적 판단에 의해 부여된다. 따라서 이러한 등기는 당사자 사이의 법률관계를 전제로 한 것이 아니므로, 등기명의인을 상대로 "등기를 말소하라"는 이행 청구 자체가 성립할 수 없다. 등기관은 이러한 등기의 변경에 대해 일반 당사자의 신청을 받아들일 수 없다. 등기관은 오직 법령에서 정한 방식으로만 등기 가능 직권이나 촉탁으로 기입된 등기는, 등기관이 스스로의 판단으로 직권 말소, 또는 법원의 촉탁에 의해 말소되어야 한다.

등기관의 권한 범위와 관련이 된다. 등기관은 등기신청서와 첨부서면을 보고 형식적 심사권만 행사한다. 그런데 직권이나 촉탁으로 기재된 등기에 대해 당사자가 말소등기 청구를 해오면? 등기관은 이런 사정까지 사실상 판단할 권한이 없다. 따라서 원칙적으로 "이 등기는 내가 직권으로 기재했으니, 너희 신청으로는 바꿀 수 없다"라고 거절해야 한다. 실무상 혼란과 무분별한 말소를 막기 위한 안전장치이기도 한다.

-부동산가압류기입등기는 부동산가압류재판에 대한 집행으로 법원의 촉탁에 의해서 이뤄지므로 그 가압류기입등기의 말소를 구하는 소는 소의이익이 없어 부적법하다고 한다. 그럼 말소를 원하면 어떻게 해야 하는가?

최종이유적으로

가압류기입등기란? 가압류란 금전채권의 집행 확보를 위해 본안 판결 전 임시로 채무자의 부동산에 대해 처분을 제한하는 제도다. 기입등기는 이를 공시하기 위해 등기부에 적는 것으로, 법원의 결정에 따라 촉탁에 의해 등기소에서 처리된다.

그럼 말소등기 청구 소송이 안 되는 이유는? 말소등기청구는 실체법상 등기 원인에 하자가 있어야 가능하다. 그러나 가압류기입등기는 법원의 집행력 있는 결정에 따른 촉탁이므로 실체적 하자가 있다고 보기 어렵다. 따라서 민사소송으로 말소를 청구해도 '소의 이익'이 없다고 하여 부적법하다고 판시된다.

-민사소장에서의 소유권이전등기청구사건에서 청구원인은 매매계약체결사실만 주장증명하면 되지 매수인이 대금을 지급했다거나 목적물이 매도인 소유라는 사실을 주장 증명할 필요는 없다. 그 이유는?

최종이유적으로

소유권이전등기청구 소송에서 청구원인으로 매매계약 체결 사실만 주장·입증하면 되고, 대금 지급 여부나 매도인이 소유자인지 여부를 주장·입증할 필요는 없는 이유는? 소유권이전등기청구소송에서는 청구원인으로서 매매계약 체결 사실만 주장·입증하면 충분하며, 대금 지급 여부나 매도인의 소유 여부는 매도인이 항변으로 주장할 사안이기 때문이다.

매매계약 체결은 채권계약으로서 등기청구권 발생의 요건이 된다. 매매계약이 성립되면, 그 자체로 채권적 효력이 발생한다. 즉, 소유권 이전등기 청구권(채권적 청구권)이 매수인에게 발생한다. 따라서 매매계약이 성립했다는 사실만으로 매수인은 등기청구권을 행사할 자격이 있다. 이 단계에서는 실제 소유권 이전이 아니라 청구권 발생 여부가 중요하다. 대금지급 여부는 매도인의 항변사유 (동시이행 항변권)이다. 대금을 지급했는가?는 매수인의 채무이행 여부와 관련된 문제다. 하지만 민법 제536조는 동시이행항변권을 규정하고 있어, 매도인이 이를 항변하지 않으면 고려되지 않는다. 즉, 매수인은 대금지급 여부를 청구 단계에서 굳이 주장·입증할 필요 없다. 매도인이 "대금을 안 줬다"고 항변하면, 그때 매수인은 대금지급 사실을 반박하면 된다.

매도인의 소유 여부도 항변 사항이다. 매매계약의 유효성은 매도인이 소유자인지 여부와 무관하다. 타인의 권리를 매도한 경우에도 계약은 유효하다. 따라서 매도인이 소유자가 아니라는 점 은 채무불이행 또는 이행불능의 문제로 나아가야 할 사안이지, 매수인이 소유권이전등기청구권을 행사할 수 없는 요건으로 보지 않는다.

즉 청구취지는 항변사항은 나중에 서로 논할 내용이고 담백하게만 쓰면 된다는 것이다. 청구취지는 "원고가 구하는 재판 결과를 간단명료하게 기재"하는 부분이다. 따라서 항변사항(예: 대금 미지급, 소유권 부존재 등)은 청구취지에는 적지 않고, 피고의 답변서나 소송 진행 과정에서 다툴 문제다.

-말소승낙의 의사표시를 구하는 소라는 소가 있다. 청구취지는 피고는 원고에게 별지목록 기재 부동산에 관하여 대구지방법원 동대구등기소 1976. 4.12. 접수 제1233호로 마친 소유권이전등기의 말소등기에 대하여 승낙의 의사표시를 하라. 이것인데 이게 말의 형식은 이래도 말소등기가 되고 나서

가 아니라 하기 전의 행동들인가?

최종이유적으로

“말소승낙의 의사표시를 구하는 소”는 말소등기가 이미 된 후에 다투는 소송이 아니라, 말소등기를 하기 위한 요건(상대방의 협력)을 구하는 사전적 조치다. 즉, 등기가 말소되기 전에, 등기권리자가 상대방에게 “등기 말소에 협력하라(= 말소에 승낙하는 의사표시를 하라)”는 판결을 구하는 소송이다.

10. 사해행위취소

-사해행위취소소송에서 OO원(금액) 한도에서 취소해야 하고는 결국 그만큼을 가액배상하라는 의미는 말은 취소라고 하지만 결국 취소해서 돈으로 배상을 하라는 것인가?

최종이유적으로

사해행위취소 판결에서 "OO원 한도에서 취소"라고 하는 것은 그 한도 내에서만 수익자가 취소의 효과를 부담하면 된다는 의미다. 그런데 실제로는 사해행위(예: 부동산 증여)를 취소하더라도, 해당 부동산이 제3자에게 넘어갔거나, 담보권이 소멸되었거나, 현실적으로 부동산을 원상회복하기 어려운 경우가 많다. 이럴 때, 법원은 실체적 회복이 아닌, 금전으로 환산한 '가액배상'을 명령한다. 그래서 그런 식으로 청구취지가 작성된다.

-사해행위소송의 청구원인에 있어서 다음의 표현을 보자. “다만 이 사건 부동산에 관하여는 위 사해행위당시에 이미 근저당이 설정되어 있어 그 피담보채무잔액 3,000만원 만큼은 채권자들을 위한 책임재산에서 제외되어 있었던 것이므로, 이를 제외한 나머지 2,000만원(5000만원-3,000만원) 범위 내에서 위 사해행위르 취소하고 원상회복 할 것이나” 이 부분의 의미를 자세히 더 설명하면

최종이유적으로

사해행위취소의 핵심 요건: 채권자를 해함. 민법 제406조에 따라 사해행위취소가 되려면, 해당 처분이 채무자의 일반 채권자에게 '해를 끼친 경우'여야 한다. 이때 핵심 개념은 다음과 같다. 사해성 판단은 채무자의 '책임재산'을 감소시키는 행위여야 한다. "책임재산"이란? 채무자가 가지고 있고, 채권자가 집행할 수 있는 재산을 의미한다. 따라서 이미 담보가 설정되어 있는 부동산이라면, 그 부동산 중 담보 채무에 해당하는 부분은 채권자의 책임재산이 아니다. 근저당이 설정되어 있는 부동산의 사해행위성 판단은 이 사건 부동산이 시가 약 5,000만원이고 근저당이 이미 설정되어 있고, 담보하는 피담보채무의 잔액이 3,000만원이다. 즉, 담보권자가 우선해서 3,000만 원을 받아갈 권리가 있다.

그 결과 채권자가 이 부동산에서 실질적으로 집행 가능한 금액은 2,000만원 뿐이다. 따라서 채무자가 이 부동산을 처분했더라도, 채권자가 손해 본 범위는 2,000만원이다. 그래서 사해행위취소의 범위는 2,000만 원까지 부동산 전체 5,000만 원을 취소한다고 주장할 수는 없고, 책임재산에 해당하는 2,000만 원 범위에서만 사해행위로서 취소 청구가 가능하다는 의미다.

-사해행위취소소송에서 피고 이OO은 원상회복으로 원고에게 50,000,000원 및 이에 대한 이 판결확정일 다음 날부터 다 갚는 날까지 민법이 정한 연 5%의 비율로 계산한 지연손해금을 지급할 의무기 있다. 이렇게 청구원인에 있으면 이것은 말은 원상회복인데 정말로 원상의 회복이 아니라 부동산은 이미 매매된 후이기에 금액으로 배상하는 것인가?

최종이유적으로

겉으로는 "원상회복"이라고 표현하고 있지만, 실제로는 원상회복(예: 부동산 반환 등)이 불가능하거나 부적절하므로, 그 부동산의 사해행위 당시 가치(또는 평가액)를 기준으로 금전으로 환산한 가액을 배상하라는 것이다. 여기에 더해, 지연이자(연 5%)까지 함께 지급하라는 것이다.

왜 이렇게 하는가? 사행위취소의 원칙은 원상회복이다. 즉, 부동산을 넘긴 사해행위라면 부동산을 다시 돌려놓는 것이 원칙이다. 하지만 현실적으로는 그 부동산이 제3자에게 다시 매매되었거나, 원상회복이 어렵거나 불가능한 경우가 많다. 혹은, 그대로 돌려주는 것이 공평에 반할 수도 있다 (예: 위에서 말한 근저당 말소 등). 이럴 때 법원은 부동산 자체를 반환하는 대신, 해당 가치를 '가액'으로 환산하여 배상하게 한다. 이게 바로 가액배상이고, 원상회복의 내체적 형태이다.

이것이 초심자들이 혼동을 일으키는 취소랑 원상회복이라는 말이 같이 나와도 전혀 무방한가? 내재적 질문에 대한 답이 된다

-소장을 쓰는 문제에서 근저당권의 피담보채권액과 채권최고액은 일치하는 것으로 볼 것. 이러면 이것은 하나도 갚지 않았다는 의미가 되는 것인가?

최종이유적으로

"채권최고액 = 피담보채권액"이라고 하면 근저당권의 채무는 '전혀 갚지 않았다'는 뜻이다. 근저당권의 채권최고액과 실제 피담보채권액(즉, 실제 남아 있는 채무)은 서로 다르다. 채권최고액은 담보로 설정해 둔 최대 한도 금액

(예: 1억 원까지 담보한다는 의미) 피담보채권액은 실제로 남아 있는 실제 채무액 (예: 실제 남은 대출 원금 8천만 원) 그런데 두 금액이 '일치'한다고 하면? 예를 들어 채권최고액 1억 원 = 피담보채권액 1억 원이라면 이건 전혀 갚은 게 없다는 뜻으로 해석됩니다. 즉, 근저당권 설정 이후 단 한 푼도 변제되지 않았다는 전제를 깔고 있는 것이다.

사해행위취소소송에서 소장을 쓸 때, "근저당권은 설정 당시 채권최고액이 1억 원이고, 현재 피담보채무액도 동일하다"고 주장하면 수익자가 그 채무를 갚지 않았고, 따라서 그만큼 채권자의 공동담보로 여전히 잡혀 있어야 했다는 점을 강조하게 된다. 즉, "이 근저당은 여전히 채권자의 공동담보가 되어 있어야 했는데, 수익자에게 넘어간 이후에도 그 채무는 남아 있다" 그러므로 이 이전행위는 채권자를 해하는 사해행위다! 그런 구조가 된다.

-사해행위당시에 어느 부동산이 가압류가 되어있다는 사정은 채권자평등의 원칙상 채권자의 공동답보로서 그 부동산의 가치에 아무런 영향을 미치지 아니하므로 가압류가 된 여부나 그 청구채권책의 다과에 관계없이 그 부동산 전부에 대하여 사해행위가 성립한다. 그 의미를 풀어보면?

최종이유적으로

전체적으로는 사해행위취소의 성립 요건 중 하나인 '채권자 평등 원칙'에 관한 설명이다. "어느 부동산이 가압류되어 있다는 사정은" 그 재산(부동산)이 이미 다른 채권자에 의해 가압류되어 있는 상황이더라도 이런 의미가 된다. "채권자 평등의 원칙상 채권자의 공동담보로서"는 모든 채권자들은 채무자의 재산에서 평등하게 변제를 받을 권리가 있고, 그 부동산은 그런 채권자 전체의 공동담보라는 의미이다. "그 부동산의 가치에 아무런 영향을 미치지 아니하므로" 즉 가압류가 되어 있다고 해서, 그 부동산이 채권자들에게 가지는 전체적 가치가 줄어드는 건 아니다. "가압류가 된 여부나 그 청구채권액의 다과에 관계없이" 로서 가압류가 되었는지 여부나, 그 가압류 채권의 액수가 많든 적든 상관없이의 의미이다. "그 부동산 전부에 대하여 사해행위가 성립한다" 부동산 전부에 대해 사해행위로 취소의 대상이 될 수 있다는 뜻이다.

쉽게 풀어쓴 해석대로 하면 채무자가 어떤 부동산을 처분했을 당시, 그 부동산이 이미 다른 채권자에 의해 가압류되어 있었더라도, 그 사실은 다른 채권자들의 권리(공동담보로서의 권리)나 부동산의 가치에 영향을 주지 않기 때문에, 그 부동산 전체에 대해 사해행위가 성립할 수 있다. 즉, 가압류가 되어 있든, 그 채권 금액이 많든 적든, 그런 사정은 사해행위 여부를 판단하는 데 중요하지 않다는 의미다. 즉, 가압류가 있다고 해서 “이건 어차피 뺏길 땅이니까 사해행위 아니다”라고는 할 수 없다는 의미다.

-사해행위취소에서 사해행위취소와 가액배상을 명하는 판결을 선고함에 있어서 사해행위취소 부분은 형성판결이므로 성질상 가집행선고가 허용되지 않는다. 금전의 지급을 명하는 가액배상 부분역시성질상 가집행이 허용되지 않는다. 두 말의 각각의 근거와 이유를 제시하면?

최종이유적으로

사해행위취소 소송에서 법원이 사해행위취소와 가액배상을 함께 명하는 판결을 내릴 경우, 가집행선고가 가능한지 여부는 판결의 성질(형성판결인지, 이행판결인지 등)에 따라 달라진다.

사해행위취소 부분은 형성판결이므로 가집행선고가 불가하다. 사해행위취소 판결은 채무자의 재산처분(사해행위)을 무효로 만들어서 채권자에게 대항할 수 없게 만드는 판결이다. 이는 기존의 법률관계를 변경시키는 효과를 가지므로, 형성판결에 해당한다.

가액배상 부분은 금전지급이지만 가집행선고 불가하다. 가액배상은 사해행위의 목적물(또는 그 가액)이 현존하지 않는 경우에 수익자에게 그 가액 상당의 금전을 반환하라고 명하는 것이다. 형식상으로는 금전의 지급을 명하는 이행판결처럼 보인다. 그런데 왜 가집행이 안 되는가? 판례 및 학설에 따르며 가액배상은 사해행위취소에 종속된 부당이득 반환의 일환으로, 그 전제가 되는 사해행위취소가 확정되어야만 가액배상의무도 확정된다. 즉, 사해행위취소가 확정되지 않으면 가액배상청구도 독립적으로 실행 불가하다. 따라서 가액배상도 그 자체로 독립된 강제집행이 가능하지 않으며, 가집행선고의 실익이 없다.

-대부분의 사해행위취소소송에서 바라는 청구취지는 취소하라 배상하라가 같이 나오는 게 대부분 정상인가?

최종이유적으로

그렇다. 대부분의 사해행위취소소송에서는 "사해행위취소"와 "가액배상(또는 반환)" 청구가 함께 나오는 것이 일반적이고 정상적이다. 이는 법리적 이유와 실무적 전략 양 측면에서 설명할 수 있다. 왜 "취소하라" 와 "배상하라"를 같이 청구하는가? 사해행위취소는 '형성'이지만, 실질적 목적은 '회복' 채권자취소권(민법 제406조)은 단지 "법률관계를 원상으로 되돌리는 형성판결"에 그치지 않고, 실질적으로는 채권자의 권리 회복이 목적이다.

단순히 취소만 해서는 실익이 없는 경우가 많다. 예를 들어, 채무자가 부동산을 증여했을 경우, 사해행위취소만으로는 채권자가 곧바로 돈을 돌려받을 수 없다. 해당 부동산이 제3자에게 매각됐거나, 목적물이 소멸된 경우 등에는, 실제 목적물의 반환이 불가능하므로 "가액배상"을 함께 청구해야 한다.

-채권자취소소송에서 배당이익소송과 사해행위소송을 병합하여 제기하는 경우는 어떤 상황인가?

최종이유적으로

이 상황은 보통의 민법 교과서에서는 잘 나오지 않고, 집행법이 같이 숙지가 되는 또는 그 숙지를 목표로 하는 교과서에서 많이 나온다. 이는 서울중앙지방법원 2020타경1344 부동산 강제경매사건에 관하여 같은 법원이 2019.10.11.작성한 배당표 중 피고에 대한 배당액 60,000,000원을 0원으로 (또는 삭제하고), 원고에 대한 배당액 10,000,000원을 70,000,000원(증액된 액수를 합한 금액)으로 각 경정한다. 이런 형식으로 제시된다.

-사해행위취소소송에서 사해행위 후 변제 등에 의하여 근저당권이 말소된 경우 사해행위를 취소하여 그 부동산 자체의 회복을 명하는 것은 당초 일반채권자의 공동담보로 되어 있지 아니하던 부분까지 회복시키는 것이 되어 공평에 반하는 결과가 된다. 그래서 피고 박OO는 위 부동산의 현재의 가액에서 피담보채무를 변제하고 말소한 근저당권의 피담보채무액 및 우선변제권 있는 채권을 공제한 나머지 가액을 배상할 의무가 있다. 이 말의 전체적 의미와 취지 등을 보면?

최종이유적으로

질문하신 문장은 사해행위취소소송과 관련하여, 사해행위 이후 근저당권이 변제 등으로 말소된 경우, 그 부동산을 그대로 회복시키는 것이 부당하거나 공평에 반하는 결과가 될 수 있다는 법리를 설명하고 있다. 주어진 문장은 요약하면: 부동산이 사해행위로 제3자(수익자)에게 이전된 후, 그 제3자가 부동산에 설정된 근저당권을 변제하여 말소한 경우, 다시 그 부동산 자체를 채권자에게 회복시키는 것은, 애초에 채권자의 공동담보가 아니었던 가치를 채권자에게 주는 결과가 되므로 공평에 반한다는 것이다.

사해행위 취소제도(민법 제406조)는 채무자가 채권자를 해함을 알면서 재산을 처분한 경우, 채권자는 그 처분행위를 취소하고, 원상회복을 청구할 수 있다. 그러나 원상회복도 공평의 원칙에 따라 제한된다. 즉, 채권자가 주장할 수 있는 범위는 '자신이 갖고 있던 공동담보 가치만큼'이다. 그 이상을 회복하면 수익자에게 지나치게 불리하고, 채권자가 부당한 이득을 얻게 되므로 법적으로 허용되지 않는다.

11. 채권자대위

-민사 서류작성 교과서에 채권자취소가 채권자대위보다 먼저 나오는데 그 이유가 있는가?

최종이유적으로

실제로 민사소송이나 집행 관련 실무서, 교과서 등에서 보면 채권자취소권(사해행위취소권)이 채권자대위권보다 먼저 소개되는 경우가 많다. 이게 단순한 편집상의 우연이 아니라면, 몇 가지 논리적·실무적 이유를 생각해볼 수 있다.

채권자취소권이 상대적으로 실체법적 구조가 더 단순하기 때문이다. 채권자취소권(민법 제406조)은 채무자의 사해행위를 취소하여 채권자의 담보를 보전하는 권리다. 구조가 "채무자에서 제3자"의 외형상 완결된 거래를 대상으로, 채권자가 직접 취소소송을 제기하는 방식이므로 설명이 비교적 단순하고 직관적이다. 반면, 채권자대위권(제404조)은 채무자의 권리를 채권자가 대신 행사하는 제도이고, 그 전제 요건(채무자의 권리 불행사, 보전 필요성 등)이 좀 더 복잡하다. 절차적으로도 채무자 명의로 제3자를 상대로 행사하는 방식이라, 실체와 소송구조가 더 복잡하게 느껴질 수 있다.

보전의 강도 또한 차이난다. 채권자취소권은 적극적 "원상회복" 수단: 채권자대위권은 채무자가 권리를 행사하지 않아 채권 회수가 어렵게 될 때, 대신 행사하여 채무자 재산을 복원하는 간접적인 수단이다. 반면 채권자취소권은 이미 빠져나간 재산을 직접 돌려놓는 것이라 보다 강력한 보전 수단으로 이해된다. 이 때문에 실무적으로 피해 방지 수단으로 더 강조되어 먼저 다뤄질 수 있다.

그리고 교과서나 판례의 체계상 '사해행위취소권'은 더 오래되고 확립된 논의다. 사해행위취소권은 로마법 시절부터 존재하던 고전적인 법리로, 논의의 역사가 길다. 채권자대위권은 좀 더 현대적이고 기능 중심적인 제도이므로, 전통적 체계에서는 취소권이 먼저 나오는 경향이 있다.

-채권자대위소송에서 피대위자인 채무자가 피고로 되지 아니한 경우에는 그의 주소와 주민등록번호 등을 주어야 한다. 피고(제3채무자)로 하여금 채무자에게 이행할 것을 청구하여야 하고, 직접 원고에게 이행할 것을 청구하지 못하는 것이 원칙이다. 이 말의 의미와 취지를 해설하면

최종이유적으로

채권자가 채무자를 대신해 소송을 제기하는 경우, 일반적으로 채무자는 소송의 당사자(피고)가 아니지만, 법원은 그 채무자의 인적 사항(주소, 주민번호 등)을 알아야 하므로, 채권자는 이를 소장에 기재해야 한다는 뜻이다. 그 이유는 법원은 이 소송이 채무자의 권리를 대신 행사하는 것임을 전제로 판단해야 하기 때문에, 채무자의 신원이 명확해야 한다. 나중에 채무자에게 이행을 명하게 될 수도 있기 때문에 필요하다. "피고(제3채무자)로 하여금 채무자에게 이행할 것을 청구하여야 하고, 직접 원고에게 이행할 것을 청구하지 못하는 것이 원칙이다."

채권자(원고)는 제3채무자(C)에게 "나에게 돈 줘"라고 할 수 없다. 대신, “B(채무자)에게 돈을 줘라”고 해야 한다. 즉, 채무자의 권리를 대신 행사하는 것일 뿐, 자기 권리처럼 주장할 수는 없다는 원칙이다. 이 모든 것의 핵심 취지(이유) 대위권은 채무자의 권리를 '대신' 행사하는 것이기 때문이다. 채권자대위소송은 채권자가 채무자의 권리를 일시적으로 대신 행사하는 것이지, 그 권리가 채권자에게 이전된 것은 아니다. 따라서 채권자는 제3채무자에게 직접 이행을 청구할 권리가 없다. "B에게 줘라"는 식으로 요구해야 맞다. 이행의 효과도 결국 채무자에게 귀속된다. 대위권을 통해 얻어진 이행의 결과는 채권자에게 가는 것이 아니라, 채무자의 재산이 늘어나는 것이다. 그 재산을 통해 채권자가 나중에 자신의 채권을 회수할 수 있는 것이다. 따라서 제3채무자는 이행의 상대방이 채무자임을 기준으로 하여야 하고, 채권자에게 곧바로 돈을 줄 수는 없다. 또한 법원의 소송 진행 및 판결 집행을 위한 정보 확보 때문이라도 그렇다. 채무자가 소송의 당사자가 아니어도, 그의 신원은 소송의 전제가 되므로 확인이 필요하다. 특히, 확정 판결의 효과나, 집행의 가능성을 위해서라도 피대위자의 정보는 필수다.

Part 3. 학습 방법론

1. 풀어내는 식으로 공부하기

-의미

이는 난해한 지문 내용을 더 내용을 술술 풀어주는 의미를 가진다. 특히 기본적으로 객관식으로 주어지는 문제풀이 명제가 맞고 틀림에 대한 판단에서 작용이 된다. 이는 유명한 서울대 법대 C 교수방법에 해당한다. 누구인가에게 설명하듯이 이야기 하는 게 제일 좋은 방법이라는 식의 설득이다.

-순순한 흐름

말이 흐름이 스스로 보기에 그리고 남들이 보기에도 참 순순히 설명해준다는 느낌이 들게 해야 한다. 그냥 마구가 아니라 말이다.

-평면적으로 보던 책과 그 설명을 다 뜯어내는 느낌

1) 기본 의미

지금의 과정은 다 하나하나 새로 뜯는 것이다. 새로 뜯어내는 것이다. 필자의 내용설명을 보면 아마도 여러분들이 아 이것은 기존의 교과서에서는 잘 나오지 않은 표현인데 쉽다. 그게 바로 그런 식으로 그 설명을 다 뜯어내는 느낌으로 접근하는 것이다. 혹시 아주 부분 부분은 사람의 감정에 따라서는 다소는 좀 두서 없기는 해도 필자의 설명으로 좀 쉽게 이해를 하고 가는 것은 된다고 느끼게 될 것이다. 그게 바로 자연스러운 것이고 쉬운거다.

2) 더 풀어내는게 더 짧아지는 것이다

역설적이지만 고수들은 안다. 더 풀어내는 것이 더 풀어헤치는 것이 더 오히려 짧아지는 것이 된다.

-설명 논리를 잘 만들기

1) 기본 의미

풀어냄은 결국 설명의 논리이다. 술술 풀어줘야 한다.

2) 그야말로 말 같아서 좋게 된다

지금 구축되는 게 말 같아서 좋다고 느끼면 그것은 제대로 공부되는 것이다. 그리고 굉장히 안정되니 지금 며칠째 해도 크게 동요가 없다면 말이다. 큰 불만이 없이 계속 진행되게 말이다.

-기서결식 사고도 중요하다

그냥 마구 이야기 하는 것보다 아주 간략한 것이라도 기서결식 사고로 이야가 한다, 물론 시험장에 가면 그런 호흡을 할 시간이 많지 않으니 말이다.

-잘 될수록 자신의 근거 학습파일 서브노트가 튼실해 보인다

스스로 파일이 좀 부실부실해보이는 면이 있었는데 이제는 좀 더 간다는 식으로 해서 더 튼실하게 느껴지도 든든해져서 스스로 의지할 수준이 된다.

-문제집과 별도의 자기 학습파일의 기능이 확실하게 잘 분리가 된다

문제집 등이 지저분해지지 않고 깔끔해진다. 과거에는 이렇게 뭐가 많이 붙은거 보면 언제 다하기 아 이건 뭐지 개념이 생기는데 잘 마스터가 되면 내용의 핵심이 개념으로 바뀐다.

-하나의 소 테마에 자신이 스스로 이야기할 거리가 좀 자연스럽게 붙는다

뭔가를 내가 테마에서 이야기를 해봐야지 하고 시도를 할 때도 그게 자연스럽지 못하면 그것을 억지로 외워야 할 대상으로 생각하게 되는데 그러지 않고 자연스럽게 자신에게 설명으로 아니면 설명하는 능력으로서 존재하게 느낀다.

-결정적 한두마디가 이해와 본질을 파고 들어간다

1) 기본 의미

좋은 지식은 절대로 장황하지 않다. 중요한 거 한두말인데 그게 좀 숨겨져 있는거 아닌가? 스스로도 잘 표현한 것을 보면 아, 그게 그렇게 연결이 되는구나, 그게 그런 큰 뜻이 있구나하고 생각하게 된다.

2) 이거냐 저거냐에서의 강력한 한방

이거냐저거냐의 갈등상황에서 강력한 한방도 의미가 있고 중요하다. 한쪽으로 갈 수밖에 없는 좀 더 과격한 표현도 섞어가면서 쓰면 기억도 남고 논리도 산다.

-효율적인 논리를 만들수록 암기의 부담은 덜하다

그전의 공부들은 설명논리가 희박하니까 자꾸 끄나풀을 가지고 외우려고 아등바등하게 됨을 느낄 것이다. 그러나 설명논리가 좋으니 명문대 C 교수식으로 하면 깔끔히 설명이 되니, 기억적 아등바등이 없어짐을 느낀다,

-이렇게 술술 풀어내지 않으면 너무 어려운 과목들은 풀어내기가 너무 힘들다

어려운 과목일수록 논리와 유기성이 중요하다. 그래서 이렇게 술술 풀어내지 않으면 너무 어려운 과목들은 풀어내기가 너무 힘들다. 그야 말로 돌 씹는 기분이다. 그러기에 반드시 이렇게 논리로 술술 가게 풀어내야 한다.

-나름 평석가라고 생각하고 자신있게 적어보자

틀려도 좋다. 어차피 학습을 위한 것이다. 나름 평석가처럼 생각하자. 유연하고 논리적으로 잘 설명하는 데에 도움을 준다.

2. 대화 내지는 대화체를 염두에 두고 생각하기

-의미

지식을 풀어냄에 있어서 대화는 기본이다. 마치 소크라테스와 플라톤이 대화를 통해서 진리에 이른 것처럼 대화는 그런 기본을 가진다.

-질문과 답 구조

우리도 무엇인가를 읽어가면서 어떤 정보를 흡수해가면서 그것에 대해서 모르는 것이 나옴은 어찌보면 아주 당연한 것이다. 그것을 해결하는 가운데에서 답이 나오고 그게 그 학습의 정수가 된다.

-유능한 강사들의 비유

유능한 강사는 그것을 공부하는 학습자들이 무엇을 모르는지에 대해서 아주 잘 아는 사람이 된다. 그런 포인트를 일단 잘 알고거기에 어떤 이야기를 해줘야 좋아할지에 대해서 잘 이야기 해주는 사람이 좋은 강사가 된다.

-계속 자신의 표현을 가다듬어야 한다

특히 뛰어나다고 자타가 공인하려면 그 직관적 해설 꿰뚫는 용어들이 되어야 한다. 그러기 위해서 계속 가다듬고 정돈을 해야 한다.

-좋은 대화법이 되려면 좋은 질문이 나와야 한다

학습자인 나의질문요령과 접근이 나쁘지 않으니 좋은 대답이 나오게 된다. 이런 질문들이 또 새로운 지식의 페러다임이 된다. 기존의 책들에서 해주지 않았던 것 말이다.

-스스로 단정하고 외부로 표출해 보임의 우수성

그런 것을 자신의 파일에 담아서 노트에 담아서 외부로 표출을 하면 스스로 꽁하게 가지고 있던 것들의 지식이 달라짐에 대해서 느끼게 된다.

-묻다보니 이해되고 묻다보니 합격이다

말 그렇게 된다면 아주 좋은 시스템이고 그간의 학습체계를 부정하는 것이다. 이제는 누가 잘 질문을 세우는가가 중요한 것이 된다. 이런 페러다임이 되면 해당 시험에 대한 접근도 최근 몇년에 뭐가 바뀌는 것이고, 극단적으로 학원도 필요 없게 되고 하는 상황이 된다.

-질문받아주는 선생님

우수학생들은 말한다. 아, 과외선생님까지는 필요 없고 질문 받아주는 분이 있으면 좋겠다고 하고 말이다. 특히 고교시절의 최난제 과목인 수학 등에서는 말이다. 그런 마음으로의 자문자답 또는 대화식 공부를 지향한다.

-감정적 단어를 써서 표현해도 된다

'흥'같은 단어를 써도 된다. 학습의 목적만 달성한다면야. 흥 같은 사실적 논리들이 만들어진다.

-스토리라인의 형성

오디디가 더 유행할수록, 넷플릭스의 비중이 더 커질수록 스토리의 중요성이 커지고 있다. 그것을 공부에 대입을 해보면 대화가 스토리 라인이 되기도 한다. 즉 대화의 저술인 플라톤과 소크라테스의 대화처럼 인공지능과 나의 대화를 저술로 담게 된다. 그것은 본론에 대한 것이다:

3. 좋은 변화로 바뀌는 학습 주변 여건들이 변화

-의미

책이나 기타 여러 가지 여건들이 이런 변화로 어떻게 달라지는지에 대해서 소개한다.

-교과서(문제집)의 변화

1) 기본 의미

부담을 주고 이거 언제다 보나 하는 존재에서 아 그래 이것도 결국에는 핵심의 싸움이고 그런 핵심이 잡혀지면 쉽게 전진하는구나 하는 생각이 들게 한다.

2) 단권화의 기능적 원리에 접근

(1) 일단 단권화에 유리

그렇게 되면 단권화의 원리에 아주 충실히 가게 되는가? 그렇다 물리적 단권화를 뛰어 넘는 기능적 단권화는 학습자로서는 아주 환상의 세계다. 그렇게 가고 있다고 느낀다면 과목 정복과 합격은 따 놓은 당상이다.

(2) 중복성 검토의 효율성

내용에 대한 이해가 깊어지고 강해지면 내용적 중복성 검토도 뛰어나져서 단권화도 실질적으로 잘 일어난다.

3) 무기화

다듬어진 실력 다듬어진 무기라는 말이 실감이 난다. 그래서 스스로 이 책들정도의 것이면 법조로 치면 연수원급이어서 대한민국 OO분야 기술로는 최고 등급인데 하고 생각을 하게 된다. 제대로의 OO 과목의 책을 갖고 다니는 셈이 된다.

4) 자꾸 더 연결시키고 싶고 더 밝혀보고 싶어 한다

고수들은 말한다. 지식이 도가 올라가면 결국 연결이 되는 것이라고 말이다. 그래서 그게 자꾸 밝혀내는 것 자꾸 연결시켜가는 것을 시도하게 되는 것이 된다. 새 지식들은 새로 분화되어서나오는 것이다.

-책에 있는 지식들의 가치

1) 박물관은 살아있다

영화 박물관을 살아있다를 보면 박물관의 전시물들이 밤에는 살아서 움직인다. 그것처럼 그간 평면적으로 생각한 자식들이 살아서 움직인다. 그래서 이런 지식들의 가치는? 하고 스스로 생각해보게 된다.

2) 지식덩어리의 변화

지식이 예를 들어서 OO법의 경우에 이렇게 하나 하나 풀리면서 전체적 장악은 내게 어떤 모습으로 다가오는가? 그것은 낱낱의 지식이 아주 유기성을 띄어서 결국 크게 덩어리로 와도 내가 버틸수 있다는 식으로 가게 된다

3) 마인드 맵에서의 유기성

마인드맵 공부기법을 보면 지식을 잇게 되는데 그것을 어떤 이들은 언제져 이음을 다 외우지 하지만 지식이 이해도가 커지면 그런 유기성이 억지로 외우려 해서 외워지는게 아님을 알게 된다

4. 심리적으로 긍정적 변화가 찾아온다

-비유: 에이스 투수처럼

'내가투수라면 저렇게 꽂아 넣을 수 있나' 하고 프로야구를 보면서 생각을 해본 사람들 많을 것이다. 이렇게 지식이 내 것이 되면 내가 에이스투수가 된 기분이 된다.

-심리적으로 갈등 없는 아침과 새벽을 맞는다

공부를 하면서 학습에 매진하면서 제일 힘든 시간이 새벽과 이른 아침이다, 저녁과 밤은 그렇게 가는데 특히 자고 일어나서는 불안감이 마구 올라온다. 그런데 이렇게 제대로 공부를 해놓으면 그런 갈등이 사라진다. 그래서 심리적으로 갈등 없는 아침과 새벽을 맞는다.

-열정을 계속 간직하게 가는 시스템

우리는 사람이기에 공부에 대한 열정은 수시로 바뀌는가하는 질문에 자신있게 계속 열정이 유지가 된다고만은 이야기를 할 수 없다. 그러기에 그런 열정을 계속 간직 할 수 있는 시스템이라면 참 좋을터인데 말이다. 내가 알면 더 열심히 하게 된다. 그런 나의 열정을 잘 담을수 있는 구조가 지금의 공부 시스템 구조라고 보면 된다.

-풀어나가는 심리의 발생

법률로 치면 판단 결과의 회의론에 내가 너무 많이 빠져있던 것도 사실인데 이런 식으로 해결을 해서 좀 잘 해쳐나갔다는 성공사례도 많이 수집된다.

5. 지식을 돌출 정도로 하려면 노래 암기가 최고다

-의미

우리가 거인의 어깨에 올라타는 셈이라고 잘 이야기를 하는데 이게 마치 그런 거인의 어깨에 올라타는 정점에 있다고 봐야 한다. 노래는 우리에게 잘 써먹으라고 팔 벌리고 있다. 말죽거리 잔혹사에서 현수하고 싶은 거 다 해 하는 김부선처럼 말이다.

-암기라는 게 보는 것만으로 되는 게 아니라서

당연한 이야기지만 자주 보기만 한다고 샤워하듯이 하기만 한다고 외워지는 게 아니다. 그래서 어떤 노력이 필요한데 그런 노력의 결정판으로서는 이제 중요하다.

-장점: 무에서의 유의 형성효로서는 세계 최강

특히 세법처럼 정말로 무에서 유를 형성해야 함이 큰 과목은 이렇게 해서 형성을 시키고 '오 박OO, 아주 대단한데'하고 스스로를 다독일 수 있다.

-장점: 가만히 틀어놓고 반복하는 편한 효과

가만히 틀어놓고 반복하는 편한 효과를 기대하는 게 가능한 것도 여기서의 장점이 된다. 특히 시험이 다가올수록 불안한데 이런 게 지식으로 나를 지지한다고 치면 위로 효과, 위로적 지지효과가 크다.

-장점: 그래도 칙칙한 수험생활 중에 운율이 가미되는 효과

그래서 아주 칙칙할 수 있는 수험생활, 학습생활에 운율이 가미되어서 양념적 효과가 된다.

-장점: 가장 가시적인 유형적인 공부

공부의 가장 힘든 점은 참 뭘 해도 나에게 나를 중심으로 나의 뇌를 중심으로 해서는 뭐가 남은 게 없다는 점이다.

-장점: 책 읽음이 훨씬 더 수월해지고 마음이 덜 쓸쓸하다

특히 무에서 유를 하는 과목의 경우에는 참 읽으면서도 '아이 씨, 이걸 읽으면서도 외워내야 하는데 그게 되나'하고 자책을 많이 하는데 노래가 수반이 되면 완전 암기가 되지 않아도 그래도 기분 좋게 좀 더 안도감을 가지고 책을 읽어내게 된다.

어떤 무엇을 하더라도 확인적 의미의 독서에서 즉 읽으면서 기억을 해내야 하는 독서에서 제일 좋은 방법이다.

-장점: 생활화적 공부

노래에 미친놈 같은 식으로 그야 말로 자나 깨나 공부가 가능하다.

-노래는 가급적 먼 노래보다는 자신의 애창곡을 위주로 한다

-그림하고 결부가 되어야 더 강한 효과를 가지고 온다

그림하고 내용이 결부가 되어야 더 강한 효과를 가지고 오게 되기에 서로 시너지를 노린다.

-노래를 잘 선정하는 섯도 그 과목에 대한 실력과 혜안이 생겨서 그런 것이다

그렇게 붙이게 하기 위해서 노래를 잘 선정하는 것도 그 과목에 대한 실력이 생겨서 비례적으로 생기는 모습이다.

-비유: 곳곳에 깔린 지뢰들이 공격을 도와주는 느낌

아 많이 형성이 되었다. 폭탄들이 많이 도와 준다.

6. 8진법

-그림이 최종이다

연상의 최고봉은 그림이다. 그게 마땅한 적절한 것을 넣기가 그래서 그렇지 말이다. 그러나 우리가 어차피 일반적이고 딱딱한 것을 외우기 위해서 별개 개념이 필요하다면 이렇게 그림을 차용해서 외움은 아주 좋다. 즉, 중간과 중간이 연결이 되어서 최고조로 간다.

이러면 지식에 특히 그냥 활자화된 지식에 만개의 꽃을 피우게 되는 셈이 된다.

로마인들은 위대했다. 그냥의 상상속의 그림과 진짜로 존재하는 그림은 천지차이이다. 영원하라 로만이여 영원하라 로마인들이여

공부라는 컴퓨터에 그래픽 카드를 달아서 날개를 달아가는 셈이다.

글자로만 공부하는 것과 비교하면 픽셀로는 거의 100배의 것을 활용하고 그만큼 노력이 감쇄되고 하는 것이다.

-뇌의 이중성에 가장 잘 맞는다

뇌는 기억하려고도 하고 까먹으려고도 한다는 사실이다. 안 까먹으면 터져 버리는 게 뇌이다.

-그림이 사고를 전진시키고 사고를 확장시킨다

그림이 사고를 전진시키고 사고를 확장시킨다. 바로 그것을 전진시키는 그림이라도 붙여야 한다.

-전혀 안 쓰던 뇌의 영역을 쓰는 셈이어서 좋다

-8진법과 이어져서 그림과 그림간의 연결 히어라키를 노린다

이게 맞다면 8진법만으로 하기에는 무리가 있음을 스스로 인정한 셈이다.

-그림의 개수가 합격과 관련한 심적 안정의 지수를 증가시킨다

-두문자의 최대약점인 이게 어디에 쓰는 건지 모르겠다의 극복

그림을 잘 사용해서 그게 어디서 나온건지 모르겠다는 최대한 해소한다. 그것은 두문자의 최대 문제점이다.

-비유: 기억의 바벨탑 쌓기

비유적으로 이야기를 하면 이런 식으로 해서 바벨탑 쌓듯이 하는 것이다.

-무조건 열심히 한다고만 암기가 되는 거 아니다

하수들은 무조건 적극적으로 하자고만 했다. 그러나 시스템이 중요하다.

정말로 안 들어가는데 그렇게 들어가는 그렇게 끼우는 대단한 방법을 알아낸 것이 이것에 해당한다. 이런 식의 것은 회계학 같은 어려운 과목에서도 적용이 되게 된다.

-밑이 어려워서 공부가 어려운거다

-공부는 말이다

공부는 말이다. 결국 또 보니 말말말인데 시퀀스적 운율적 말이 중요하다.

-시간순삭도 좋다

과기에는 밑 빠진 독에 물붓기로 써야 할 시간이 많았는데 말이다.

-그림이 한 몸으로 되는 게 중요하다

그림이 흐트러지면 안 된다. 자연스러운 연상을 노리게 그림이 한 몸으로 되는게 중요하다.

-한 몸으로 표현하든지 강력한 연쇄관계로 표현하든지

한 몸으로 해서 한 덩어리로 표현을 하든지 아니면 강력한 연쇄관계로 표현하든지 해서 강하게 효과를 가지고 오게 해야 한다.

-하이브리드덩어리를 통해서 머리가 바뀌지는 게 최종의 모습

그간의 세상질서와는 좀 다른 이어진 질서로 채워진 머리를 만들어야 한다. 어차피 시험이 그간의 생활질서와는 틀리거나 다른 게 아닌 좀 무관한 것을 가지고 외움을 강요하니 우리도 그에 버티고 대항하기 위해서 이렇게 한다. 남들도 그것을 버티는 방법 중의 하나가 두문자다.

그러니 나도 새롭게 또 외워야 할 게 나오면 다른 생활요소시퀀스를 가지고 와서 대항을 하게 한다.

그런데 그렇게 다른 것을 채우는 게 그냥은 안 되니 행동강령인 파일이 존재해야 하고 그 파일도 정적 성격을 가지니 그것에 동적 성격을 부여하기 위해서 살아있는 덩어리라고 표현을 한다. 즉 책과의 별개의 유형적 성격을

가지고 있음을 보여주기 위해서 살아있는 덩어리라고 한다.

-하이브리드가 되면서 지식이 무에서 유 생명체적 지식이 된다

무엇이든지 살아있는 게 좋잖아하는 마음으로 접근을 해본다. 학습자인 내가 살아있는 게 좋음을 활용하자. 그래서 몸이 기억하는 공부가 되기도 한다. 마치 비유적으로 춤판 벌이기 덩어리는 수화처럼 몸짓과 몸이 기억하는 공부가 되는 게 좋다.

-인간의 도리로서의 제대로 공부가 된다

문제를 푼다고 할 때의 인간은 풀어서의 인간이다. 그래서 인간의 도리로서의 제대로 인간으로서 공부가 된다. 만약에 랜덤하게 본다고 해도 자신의 정신만 제대로 붙들고 있으면 풀이는 이뤄지게 된다. 이 인간의 도리는 학습자로서의 도리이다.

-누수를 채우는 반복도 의미 있는 반복이 된다

-종합이 된 게 대략 50퍼센트 목표치로 해서 기억남을 목표로 한다

-인과응보적이라서 노력을 해야 결과가 나온다

-쌍극자암기와의 관련성

쌍극자 암기도 결국에는 뭔가의 하나를 해서 그 특징으로 쌍극자를 연결해서 잡기였다. 그게 좀 더 난이도가 있으면 거기에 인물을 붙여서 강화를 시키고 좀 더 난이도가 있다면 히어라키 적으로 해서 노래를 한다. 다만 그 노래의 구조는 이렇게 잡는 게 이상적이다. 이 구성의 전제는 잊을 수도 있다는 점이다. 그래서 계속 노력이 필요하다는 점이다.

7. 전문 공부

-전문 공부의 의미

자격증을 딴 전문가이거나 아니면 그 아래에서 같이 일하는 실장 등의 전문사무원들은 자기분야의 그것도 아주 좁은 분야만 알지 그 이상을 가면 잘 모른다. 그래서 그런 전문 공부가 중요하다.

-세상이 어지러울수록 자기공부가 최고다

세상이 아주 어지러이 가고 있다. 어지러울수록 자기 공부가 최고다 . 그게 제일 남는 것이기 때문이다

-전문공부일수록 효율적으로 해야 한다

시간들이 없지 않은가? 그러니 더욱더 효율을 노려야 한다. 바쁘지 않은 전문가 바쁘지 않은 전문사무원은 없다. 그러니 그런 사람들의 전문 공부일수록 더욱더 효율을 높여야 한다.

-전문 지식은 꺼내 쓴다의 논리

법조계를 접하지 못한 사람들의 입장에서는 법조인들을 보면서 ‘와, 그 많

은 방대한 법을 어떻게 다 알고 남을 위해서 상담을 해주고 하지?'하고 생각한다. 그러나 법조계에 입문을 하면 제일 먼저 배우는 사실이 그 많은 방대한 지식을 다 머리에 담는 게 아니라 필요할 때 꺼내서 쓴다는 게 핵심이라는 사실이다. 그렇게 전문지식은 꺼내서 쓰는 것 이지 다 담아두는 게 아니기에 공부의 효율성은 더욱더 필요하다.

-전문 공부일수록 이런 포인트를 봐야 한다

그렇겠구나 하는 것은 문제가 안 되고 그건 좀 그런데 내지는 그건 좀 아닌데 하는게 포인트이다. 수험 때도 그렇지만 결국 판시 등의 암기에서 가장 문제는 바로 자신이 그간 가진 자연법에 어긋나는 경우이다. 거기를 잘 포착해서 봐야 하고 내 것으로 넣어야 한다.

-당연한 것과 다소 또는 그 이상 당연하지 않게 다가오는 것을 체크해야 한다

읽어서 조금씩만 지식이 쌓여도 '그것은 그렇겠구나'하고 당연하게 느껴지는 것과 그렇지 않고 '어 이것은 왜 이렇게 되지?;하고 당연하지 않게 생각되는 것을 구변하는 게 가장 중요한 포인트가 된다.

-여백에 필기를 하는 경우에도 그 당연하지 않음 생각해볼 여지가 있음이 관건이다

많은 학습자들이 여백에 필기를 해서 집어넣거나 적어 넣는다. 그런 적어넣은 내용으로서 가장 와야 할 것은 바로 당연하지 않는 내용에 대한 지적 즉, 그런 포인트를 찾아내는 것과 그것을 어떤 식으로 처리해서 내 것으로 할지에 대한 것들이다. 그렇게 치면 결국 책은 원래부터 인쇄되어 있는 부분과 학습자인 내가 적어서 나오게 하는 부분들로 나눠지게 되는데, 인쇄되어 있는 것이야 당연히 진리이고 기지(기지)의 사실로 받아들여지니까 제시가 될 터이니 그게 결합이 된 게 바로 종합적으로 그 해당 분야나 해당과목의 총합적 사실로 다가온다.

-전문 공부에서도 암기를 해야만 공부한 게 남는다

여러분들이 다른 전문분야를 공부해서 남들에게 보여줄 때도 그게 결국에는 '체화'가 되어야 의미가 있다. 그냥 입에서 머리에서 우물우물하는 지식으로는 의미가 없다.

-외워야 내 지식으로 남고 남들에게도 보여진다
남들에게 보여주고 남들에게 인정받는 그런 지식이 되기 위해선 절대적으로 암기가 되어야 한다. 그것을 도와주려고 필자는 애를 쓸 것이다.

-암기는 늘 숙제

암기는 수험에서도 큰 숙제인데 전문 공부를 함에도 내가 외울 것인가? 외운다면 어디까지 외우고 결심을 할 것인가는 아주 문제이다. 그래서 그에 대한 도움이 필요하다.

-가장 효율적으로 외우게 하기

필자는 가장 검증된 방식으로 가장 쉽게 외우게 하는 도움을 줄 것이다. 특히 앞서 말한 지식은 꺼내 쓰는 것과의 조화적으로 얼마까지를 외우고 얼마는 외우지 않고 가는가는 참으로 중요한 부분으로 계속 작용한다.

-전문공부에의 암기가 더욱너 어려운 이유는 용어기 어렵기 때문이다

용어가 어려움은 그 분야의 전문성을 표상한다. 물론 그것은 진입장벽처럼 그 분야에서의 현학적 요소도 가지고는 있으나 그에 대해서 의미가 크게 온다. 그것을 잘 돌파해야 한다.

-전문 공부에서의 아주 쉽게 암기하는 법

(1) 친숙도를 늘려라

친숙도를 늘리는 게 중요하다. 물론 모든 공부의 과정은 다 반복을 통해서 친숙도를 늘리지만 그것을 어떻게든 더 고속화 하는 게 관건이다. 용어가 어렵고 구가상황이 어렵다면 더욱이나 친숙도를 높이는 것은 아주 중요하

다.

(2) 시퀀스활용

시퀀스란 이어짐이다. 순서이기도 하고 말이다. 그런 이어짐과 순서가 잘 연결이 되어야 뭔가의 성과가 나온다. 암기도 결국 이어짐이니 말이다.

뭔가 잘 술술 연결이 되면, 그게 시퀀스다. 우리가 뭔가 생활에서도 이야기가 술술 연결이 잘되는 경우가 있다. 그게 바로 시퀀스다. 그래서 그것을 이용하면 학습이 용이하다. 텔레비전에서의 오락프로를 봐도 쿵쿵따 쿵쿵따 하면서 말이 끝말잇기 식으로 잘 연결이 됨을 볼 것이다. 그게 바로 시퀀스다.

혼자서 전문지식을 읽을 때에도 필자를 만나기전에 여러분들이 혼자서 전문지식을 읽을 때에도 뭔가가 그 부분만큼은 시퀀스에 의해서 흘러가는 것이 된다.

(3) 인문사회지식 총동원

이런 전문 공부가 어려운 것은 용어의 문제도 있지만 동류화가 되지 않은 지식들을 동류화 하는 가운데에서 머리에 담아둬야 하는 측면이 아주 크다. 그러기에 그럴 때는 거의 유일한 해법이 있다. 바로 자신이 아는 모든 인문사회적 기타 지식들을 총동원해서 암기를 하는 것이다. 어찌보면 수험생들이 가장 많이 쓰는 두문장암기 같은 것도 그런 것인데 그것은 그래도 아주 가장 초보적인 형태로 봐야 한다. 그런 인문사회적 지식을 가지고 암기를 하고 이해도를 높이는 것이 필자가 여러분들에게 해줄 수 있는 도움 중의 하나이기도 하다.

(4) 내 머리 안에서 복기가 되게 한다

결국 전문지식이 발현이 되기 위해서는 남들에게 시각이나 청각으로 가게 해야 한다. 그러려면 자신이 먼저 그 지식들에 능해야 한다. 그래서 그게 내 머리 안에서 복기가 되게 한다고 보면 된다.

내 입에서 나와야 한다. 그게 차고 넘치면 결국은 나의 입에서 나와야 한다. 그것의 단계까시 안가면 머릿 속의 음성으로 그야 말로 '뇌입'으로라도 나와야 한다.

우리 책은 포인트는 지정의 식이다. 아주 두툼한 개론서가 아니라 그 개론서를 잘 보게 하는 것이다. 우리 책은 어느 분야의 타지식을 익히게 하기 위한 두터운 지식의 책이 아니라 그 지식에서 가장 엑기스가 되는 부분을 어떻게 이해를 할까에 대해서 제시를 해주는 책이다.

8. 스타링크

: 해당 과목을 전체적인 별자리나 천체관으로 생각하고 외우기

-의미

스타링크는 해당과목을 전체적인 별자리나 천체관으로 생각하고 외우기를 말한다. 외국어도 어떤 사람이 꽤 해당 외국어로 소통이 된다고 하면 그것은 그 사람이 그 외국어에 스타링크가 형성이 된 것이라고 봐야 한다. 즉 스타링크가 되면 그 과목에 외국어이든 수험과목 학습이든 되는 거다.

-스타링크의 개념구성요소

개념구성요소, 핵심요소는 다음과 같다.

(1)구조성 (2)수축확정적 자유자재성 (3)위치적 자유자재성

구성요소의 본질에는 공부란 게 잘 압축하면 양이 확 줄어든다의 사고가 있다.

구성요소의 본질에는 이런 사고도 존재한다. 즉 공부란 게 잘 압축하면 양이 확 줄어든다의 사고 말이다. 그 사고는 이런 식으로 분화되어서 나온다.

-시험 전 날 뚫어지게 책만 쳐다보는 게 너무 싫다고 하는 사람에게 적합

그런 부류의 사람이 있다. 굳이 말하면 자유인이라고나 할까? 시험전 날 뚫어지게 책만 쳐다보는 게 너무 싫다고 하는 사람들 말이다. 그런 사람에게 이 방법은 적합하다

-스타링크로 지식들이 구현이 되면서 행복감이 상승

연관이 되는 시퀀스는 한숨에 쭉 풀어주는 게 복습이자 리뷰다. 그리고 그게 되면 스스로 대견해하면서 기분 좋다.

스타링크:시퀀스 개념이 스타링크를 가게 하고 스타링크는 시퀀스를 완벽하게 해준다

-시퀀스매칭활동의 최종 안착역이 목적지가 스타링크

그냥 무조건 만드는 게 아니라 확실한 최종목적의식으로 귀결된다. 그래서 나의 시퀀스를 완성시키는 집요함이 꽃피게 한다.

-두문자 시퀀스 등을 찾아보면서 제일 잘 하는 말 아 이거였지가 없게 하는게 중요하다

두문자 등을 가지고 공부하면 제일 문제가 아 이거였지 하면서 그 두문자의 주소 등이 바로 연결이 안 되는 경우가 문제다. 그런 것을 해결하기 위한 것이 바로 이것이다.

-독경

1) 부분적 독경

스타링크가 됨은 이게 진정한 의미의 독경이다. 어떤 이가 부분적으로 구현된 것을 가지고 씨름하고 있다면 그것은 허둥지둥적 독경 또는 부분적 독경이라고 할 수 있다.

2) 보조도구 없이 되어야 제대로의 독경이고 스타링크

녹음 테입 같은 보조도구 없이 되어야 하는 게 제대로의 독경이다. 즉 완전히 뇌의 활동만으로 되어야 하는 게 완벽한 의미에서의 독경이다.

3) 수도승 비슷하게

독경이 되면 진짜로 수도승이고 그가 써내는 게 거의 준경전에 이르는 그야말로 크리스천 서점에 나오는 것들이다.

도 서 명: 하나은행 직원을 위한 민사 서류 소장 쓰는 법
저　　자: 자격증수험연구회
초판발행: 2025년 09월 19일
발　　행: 수학연구사
발 행 인: 박기혁
등록번호: 제2020-000030호
주　　소: 서울특별시 영등포구 버드나루로 130 1층 104호(당산동, 강변래미안)
Tel.(02) 535-4960　Fax.(02)3473-1469

Email. kyoceram@naver.com

9001 고1,고2 내신 수학은 따라가지만 모의고사는 망치는 학생의 수학 문제 해결법
저자 수학연구소 / 19,500

9002 이공계 은퇴자와 강사를 위한 수학 과학 학습상담센터 사업계획 가이드
저자 수학연구소 / 19,500

9003 고3 재수생 수능 수학 만점, 양치기를 어떻게 바라보고 극복할 것인가
저자 수학연구소 / 19,500

9004 대학생들이 세상에서 가장 효율적으로 일본어를 정복하는 방법
저자 최단시간일본어연구회 / 19,500

9005 프랑스어를 꼭 공부해야 하는 대학생들이 쉽게 어려운 단어를 외우는 방법
저자 최단시간프랑스어연구회 / 19,500

9006 중국어를 빠르게 배우고 싶은 해외 파견 공무원들을 위한 책
저자 최단시간중국어연구회 / 19,500

9007 변리사들이 효율성 높게 일본어를 익히는 법
저자 변리사실무연구회 / 19,500

9008 세무사가 업무상 필요한 일본어 청취를 빠르게 습득하는 법
저자 세무사실무연구회 / 19,500

9009 심리상담사가 프랑스어 단어를 빠르게 익히는 방법
저자 상담심리실무연구회 / 19,500

9010 업무용 일본어 듣기의 효율성을 높이는 법: 해외파견공무원용
저자 공무원실무연구회 / 19,500

9011 관세사들이 스페인어 단어를 쉽고 빠르게 외우는 법
저자 관세사실무연구회 / 19,500

9012 스페인어 리스닝을 쉽게 하는 법: 해외파견금융기관직원을 위한 책
저자 금융실무연구회 / 19,500

9013 관사세가 알면 좋을 프랑스어 단어를 효율적으로 외우는 법
저자 관세사실무연구회 / 19,500

9014 법조인이 알면 좋을 스페인어 단어를 빠르게 익히는 법
저자 법조인실무연구회 / 19,500

9015 법조인이 알면 좋을 스페인어 단어를 빠르게 익히는 법
저자 법조인실무연구회 / 19,500

9016 미용 뷰티업계에서 알면 좋을 이탈리아어 단어 빠르게 외우는 법
저자 뷰티실무연구회 / 19,500

9017 간호대학생과 간호사 의학용어시험 만점! 심장순환계통단어 암기법
저자 의학수험연구회 / 19,500

9018 항공공항업계에서 알면 좋을 스페인어 단어 스피드 암기법
저자 항공공항실무연구회 / 19,500

9019 약사와 약대생을 위한 의학용어 만점암기법_ 심장순환계와 근육계
저자 의학수험연구회 / 19,500

9020 한의사와 한의대생을 위한 양의학용어 암기법_ 호흡기와 감각기
저자 의학수험연구회 / 19,500

9021 의료변호사를 위한 의학용어 암기법_ 소화기와 비뇨기
저자 의학수험연구회 / 19,500

9022 건강보험공단 직원과 취준생을 위한 의학용어 암기법_ 감각기와 호흡기
저자 의학수험연구회 / 19,500

9023 간호사 국가고시 합격기간 단축하기_ 1교시 성인간호, 모성간호
저자 의학수험연구회 / 19,500

9024 건강보험공단 직원과 취준생을 위한 의학용어 암기법_ 감각기와 호흡기
저자 의학수험연구회 / 19,500

9025 수의사와 수의대생을 위한 의학용어 암기법_ 근골계와 심장순환계
저자 의학수험연구회 / 19,500

9026 식품위생직, 식품기사 시험을 위한 식품미생물 점수 쉽게 따기
저자 식품위생연구회 / 19,500

9027 영양사 시험 스피드 합격비법_ 1교시 영양학, 생화학, 생리학 중심
저자 영양사시험연구회 / 19,500

9028 영양사 시험 스피드 합격비법_ 2교시 식품학, 식품위생 중심
저자 영양사시험연구회 / 19,500

9029 6급 기관사 해기사 자격 시험 스피드 합격비법
저자 해기사시험연구회 / 19,500

9030 재배학개론 농업직 공무원시험 스피드 합격비법
저자 공무원시험연구회 / 19,500

9031 식용작물학 농업직 공무원시험 스피드 합격비법
저자 공무원시험연구회 / 19,500

9032 수능 지구과학1 입체적 이해로 만점 받기
저자 수능시험연구회 / 19,500

9033 건축구조 건축직 공무원 시험 교과서 술술 읽히게 하는 책
저자 공무원시험연구회 / 19,500

9034 위생관계법규 조문과 오엑스 조리직 공무원시험
저자 공무원시험연구회 / 19,500

9035 자동차구조원리 운전직 공무원 시험 교과서 술술 읽히게 하는 책
저자 공무원시험연구회 / 19,500

9036 수의사와 수의대생을 위한 의학용어_ 암기법 소화기와 비뇨기
저자 의학수험연구회 / 19,500

9037 도로교통사고 감정사 1차 시험 교과서 술술 읽히게 하는 책
저자 자격증수험연구회 / 19,500

9038 위험물산업기사 필기시험 교과서 술술 읽히고 암기되게 하는 책
저자 자격증수험연구회 / 19,500

9039 소방관계법규 조문과 오엑스 소방직 공무원시험
저자 공무원시험연구회 / 19,500

9040 양장기능사 필기시험 교과서 술술 읽히고 암기되게 하는 책
저자 자격증수험연구회 / 19,500

9041 섬유공학 패션의류 전공자가 섬유가공학 술술 읽고 학점도 잘 받게 해주는 책
저자 섬유공학패션연구회 / 19,500

9042 의류복식사 술술 읽고 학점 잘 받게 해주는 섬유공학 패션의류 전공자를 위한 책
저자 섬유공학패션연구회 / 19,500

9043 반도체장비유지보수 기능사 필기 교과서 술술 읽히고 암기되게 하는 책
저자 자격증수험연구회 / 19,500

9044 4급 항해사 해기사 자격 수험서 술술 읽히고 암기되게 하는 책
저자 자격증수험연구회 / 19,500

9045 접착 계면산업 관련 논문 특허자료 술술 읽히고 암기되게 하는 책
저자 접착계면산업연구회 / 19,500

9046 재수삼수 생활로 점수 올려 대입 성공한 이야기
저자 오답노트컨설팅클럽 / 19,500

9047 치위생사 국가시험 수험서 술술 읽히고 암기되게 하는 책
저자 자격증수험연구회 / 19,500

9048 치위생사 국가시험 수험서 술술 읽히고 암기되게 하는 책_ 2교시 임상치위생처치 등
저자 자격증수험연구회 / 19,500

9049 가스산업기사 필기시험 수험서 술술 읽히고 암기되게 하는 책
저자 자격증수험연구회 / 19,500

9050 응급구조사 1,2급 시험 수험서 술술 읽히고 암기되게 하는 책
저자 자격증수험연구회 / 19,500

9051 떡제조기능사 시험 수험서 술술 읽히고 암기되게 하는 책
저자 자격증수험연구회 / 19,500

9052 임상병리사 시험 수험서 술술 읽히고 암기되게 하는 책
저자 자격증수험연구회 / 19,500

9053 의료관계법규 4대법 조문과 오엑스 뽀개기 의료기술직 공무원시험
저자 공무원시험연구회 / 19,500

9054 간호학 전공자가 간호미생물학 술술 읽고 학점도 잘 받게 해주는 책
저자 간호학연구회 / 19,500

9055 간호사 국가고시 합격기간 단축하기_ 2교시 아동간호, 정신간호 등
저자 의학수험연구회 / 19,500

9056 도로교통법규 조문과 오엑스 뽀개기 운전직 공무원시험
저자 공무원시험연구회 / 19,500

9057 전기공학부생들이 시험 잘 보고 학점 잘 따는 법
저자 기술튜터토니 / 19,500

9058 간호대학생들이 약리학을 쉽게 습득하는 학습법
저자 간호학연구회 / 19,500

9059 의치대를 목표하는 초등생자녀 이렇게 책 읽고 시험 보게 하라
저자 의치대보낸부모들 / 19,500

9060 지적관계법규 조문과 오엑스 뽀개기 지적직 공무원시험
저자 공무원시험연구회 / 19,500

9061 방송통신대 법학과 학생이 학점 잘 받게 공부하는 법
저자 법학수험연구회 / 19,500

9062 공인중개사 1차 시험 쉽게 합격하는 학습법
저자 법학수험연구회 / 19,500

9063 기술직 공무원 시험 쉽게 합격하는 학습법
저자 공무원시험연구회 / 19,500

9064 독학사 간호과정 공부 쉽게 마스터하기
저자 간호학연구회 / 19,500

9065 주택관리사 시험 빠르게 붙는 방법과 노하우
저자 자격증수험연구회 / 19,500

9066 비로스쿨 법학과 대학생들을 위한 공부 방법론
저자 법학수험연구회 / 19,500

9067 기술지도사 필기시험 빠르고 쉽게 합격하는 학습법
저자 자격증수험연구회 / 19,500

9068 감정평가사 시험 스트레스 낮추고 빠르게 최종 합격하는 길
저자 자격증수험연구회 / 19,500

9069 의무기록사 시험 합격을 위한 의학용어 암기법_ 순환계와 근골계
저자 의학수험연구회 / 19,500

9070 의무기록사 시험 합격을 위한 의학용어 암기법_ 소화기와 비뇨기
저자 의학수험연구회 / 19,500

9071 감정평가사 2차 합격을 위한 서브노트의 필요성 논의와 공부법
저자 자격증수험연구회 / 19,500

9072 감정평가사 민법총칙 최단시간 공부법과 문제풀이법
저자 자격증수험연구회 / 19,500

9073 게임 IT업계 직원이 영어를 빠르게 듣고 말할 수 있는 방법
저자 최단시간영어연구회 / 19,500

9074 IT 게임업계 직원이 효율적으로 빠르게 일본어를 습득하는 법
저자 최단시간일본어연구회 / 19,500

9075 게임회사 IT업계 직원이 프랑스어 단어를 빨리 익히는 법
저자 최단시간프랑스어연구회 / 19,500

9076 경영지도사가 빠르고 효율적으로 중국어를 배우는 법
저자 최단시간중국어연구회 / 19,500

9077 유튜버가 일본어 청취를 빠르게 익히는 방법
저자 최단시간일본어연구회 / 19,500

9078 법조인들이 알면 좋을 프랑스어 단어를 빠르게 익히는 법
저자 최단시간프랑스어연구회 / 19,500

9079 경영지도사에게 필요한 스페인어 단어 빠르게 익히기
저자 최단시간스페인어연구회 / 19,500

9080 일본어 JLPT N4, N5 최단시간에 합격하는 법
저자 최단시간일본어연구회 / 19,500

9081 관세사에게 필요한 이탈리아어 단어 빠르게 익히기
저자 최단시간외국어연구회 / 19,500

9082 일본 관련 사업을 하는 중개사를 위한 효율적인 일본어 듣기법
저자 최단시간외국어연구회 / 19,500

9083 일본 취업 준비생을 위한 일본어 리스닝과 단어 실력 빠르게 올리는 방법
저자 최단시간외국어연구회 / 19,500

9084 관세사에게 필요한 중국어 빠르게 습득하는 법
저자 최단시간외국어연구회 / 19,500

9085 누적과 예측을 통한 영어 말하기와 듣기 해답_ 해외진출자를 위한 책
저자 최단시간외국어연구회 / 19,500

9086 스페인어를 공부해야 하는 대학생들이 빠르게 단어를 숙지하는 법
저자 최단시간외국어연구회 / 19,500

9087 취업 준비 대학생은 인생 자격증으로 공인중개사 시험에 도전하라
저자 자격증수험연구회 / 19,500

9088 고경력 은퇴자에게 공인중개사 시험을 강력 추천하는 이유와 방법론
저자 자격증수험연구회 / 19,500

9089 효율적인 4개 국어 학습법과 외국어 실력 올리는 방법
저자 최단시간외국어연구회 / 19,500

9090 여성들의 미래대안 공인중개사 시험 도전에 필요한 공부 가이드
저자 자격증수험연구회 / 19,500

9091 해외파견근무직원들이 이탈리아어 단어 빠르게 익히는 방법
저자 최단시간외국어연구회 / 19,500

9092 영어 귀가 뻥 뚫리는 리스닝 훈련법
저자 최단시간외국어연구회 / 19,500

9093 열성아빠를 위한 민사고 졸업생의 생활팁과 우수 공부비법
저자 교육연구회 / 19,500

9094 유초등 아이 키우는 열정할머니를 위한 민사고 생활팁과 공부가이드
저자 교육연구회 / 19,500

9095 심리상담사가 일본어를 쉽게 배울 수 있는 노하우와 팁
저자 최단시간외국어연구회 / 19,500

9096 법조인을 위한 들리는 소리에 집중하는 외국어 리스닝과 단어 훈련법
저자 최단시간외국어연구회 / 19,500

9097 관세사를 위한 문법 상관없이 받아 듣고 적는 외국어 학습법
저자 최단시간외국어연구회 / 19,500

9098 민사고에 진학할 똑똑한 중학생을 위한 민사고 공부팁과 인생 이야기
저자 교육연구회 / 19,500

9099 해외파견근무직원들을 위한 프랑스어 단어 쉽게 배우기
저자 최단시간외국어연구회 / 19,500

9100 해외파견근무직원들이 일본어를 쉽고 빠르게 공부하는 방법
저자 최단시간외국어연구회 / 19,500

9101 대학생들이 이탈리아어 단어 쉽고 빠르게 익히는 법
저자 최단시간외국어연구회 / 19,500

9102 뷰티 화장품 업계에서 알면 좋을 스페인어 단어 쉽게 익히기
저자 최단시간외국어연구회 / 19,500

9103 민사고 진학에 갈등을 느끼는 딸바보 아빠를 위한 인생 조언과 공부법
저자 교육연구회 / 19,500

9104 유튜버를 위한 영어 리스닝과 스피킹 실력 빠르게 올리는 법
저자 최단시간외국어연구회 / 19,500

9105 해외파견직들을 위한 문법 없이 어학 공부하는 방법
저자 최단시간외국어연구회 / 19,500

9106 변리사가 프랑스어 단어를 쉽고 빠르게 배우는 법
저자 최단시간외국어연구회 / 19,500

9107 법조인이 알면 좋을 중국어 스피드 습득법
저자 최단시간외국어연구회 / 19,500

9108 임용고시 합격하려면 고시 노장처럼 공부하지 마라
저자 임용고시연구회 / 19,500

9109 임용고시 합격을 위한 조언_ 공부로 생긴 스트레스 공부로 풀어라
저자 임용고시연구회 / 19,500

9110 가맹거래사 시험 법학에 자신이 없는 사람들이 꼭 봐야 할 합격법
저자 자격증수험연구회 / 19,500

9111 가맹거래사 책이 쉽게 이해되지 않는 사람들을 위한 수험전략 가이드
저자 자격증수험연구회 / 19,500

9112 항공 및 공항 업계에서 알면 좋을 이탈리아어 단어 효율 암기법
저자 최단시간외국어연구회 / 19,500

9113 은퇴자를 위한 외국인과 만나는 게 즐거운 영어 리스닝 방법
저자 최단시간외국어연구회 / 19,500

9114 항공과 공항업계인을 위한 일본어 듣기와 단어 청크 단위 학습법
저자 최단시간외국어연구회 / 19,500

9115 유튜버가 프랑스어 단어에 쉽게 접근하고 익히는 법
저자 최단시간외국어연구회 / 19,500

9116 대학생이 필요한 스페인어 청취를 빠르게 습득하는 법
저자 최단시간외국어연구회 / 19,500

9117 해외파견직들을 위한 스페인어 단어 스피드 학습법
저자 최단시간외국어연구회 / 19,500

9118 관세사를 위한 직청직해 소리단어장 다국어 훈련법
저자 최단시간외국어연구회 / 19,500

9119 경비지도사 처음 도전하는 사람들이 꼭 알아야 할 시험 접근법
저자 자격증수험연구회 / 19,500

9120 유튜버가 이탈리아어 단어 효율적으로 익히는 방법
저자 최단시간외국어연구회 / 19,500

9121 관세사가 빠르고 쉽게 일본어 실력 올리는 법
저자 최단시간외국어연구회 / 19,500

9122 영어가 부족한 법조인을 위한 리스닝과 스피킹 효율 학습법
저자 최단시간외국어연구회 / 19,500

9123 미용 뷰티업계에서 알면 좋을 일본어 쉽게 접근하는 법
저자 최단시간외국어연구회 / 19,500

9124 대학생을 위한 외국어 공부법_ 문법은 버리고 소리에 집중하자
저자 최단시간외국어연구회 / 19,500

9125 심리상담사가 스페인어 단어를 효율적으로 배우는 방법
저자 최단시간외국어연구회 / 19,500

9126 대학생을 위한 다양한 외국어 쉽게 접근하게 해주는 가이드
저자 최단시간외국어연구회 / 19,500